Britta Diana Petri

roh,
glutenfrei
und
sojafrei

Vegane Protein-Smoothies

aus der RainbowWay®-Vitalkost-Küche

Mit einem Vorwort von
Jörg Ullmann

Schirner Verlag

ISBN 978-3-8434-5128-4

Britta Diana Petri:
Vegane Protein-Smoothies
aus der RainbowWay®-
Vitalkost-Küche
roh, glutenfrei und sojafrei

Umschlag: Silja Bernspitz, Schirner,
unter Verwendung von # 260130488
(© Ovidiu Marian), # 259579715
(© baibaz) und # 202327678 (© sumkinn),
www.shutterstock.com
Layout: Anke Brunn, Schirner
Lektorat: Katja Hiller, Schirner
Printed by: Ren Medien GmbH, Germany

www.schirner.com

1. Auflage Februar 2016

Inhalt

Vorwort von Jörg Ullmann

Proteine gehören zu den vielseitigsten Biomolekülen, die wir kennen. Sie sind ein Grundbaustein des Lebens und übernehmen vielfältige Funktionen in allen Organismen. Allein das menschliche Proteom, die Summe aller unserer Eiweißstoffe, besteht aus 80.000–400.000 Proteinen.[1] Teilweise wird die Zahl noch deutlich höher geschätzt. Wir Menschen bestehen ungefähr aus 60 % Wasser, 16 % Proteinen, 10 % Lipiden, 5 % Mineralstoffen, 1,2 % Kohlenhydraten und 1 % Nukleinsäuren.[2] Vom Wasser abgesehen, stellen die Proteine also die wichtigste Substanzklasse in unserem Körper dar.

Über die Nahrung nehmen wir Proteine auf, die dann in körpereigene Eiweiße umgeformt werden. Lange Zeit galten tierische Nahrungsmittel als die optimale Eiweißquelle für uns Menschen. Diese Aussage ist so sicherlich nicht mehr haltbar. Denn auch viele

1 Vgl. dazu: www.mpg.de/6351866/genom_interaktom (08.12.2015)

2 Vgl. dazu: http://www.chemie.fu-berlin.de/medi/suppl/mensch.html (08.12.2015)

pflanzliche Lebensmittel sind sehr gute Proteinquellen mit einer hohen Wertigkeit. Außerdem verbraucht die Herstellung von tierischem Protein im Vergleich ein Vielfaches an Ressourcen – in Zeiten wachsender Weltbevölkerung und knapper werdender Rohstoffe ein nicht zu unterschätzendes Thema. Nicht umsonst ist man weltweit auch auf der Suche nach alternativen Proteinquellen und diskutiert neben Pflanzen vor allem Algen oder sogar Insekten als aussichtsreiche Kandidaten. Algen wird eine große Bedeutung in unserer zukünftigen Ernährung beigemessen.

Dabei sind pflanzliche Proteine nicht per se die besseren für uns! Ein ungünstiges Beispiel sind für mich bestimmte industriell gefertigte, vegane Fleischersatzprodukte (basierend auf Pflanzenproteinen), für die die pflanzlichen Eiweiße teilweise speziell chemisch modifiziert werden, um ihnen etwa eine fleischähnliche Textur zu geben.

Das neueste Buch von Britta Diana Petri gibt Ihnen einen guten Einblick in die »Welt der Proteine«. Nach einer umfassenden Einführung werden gute pflanzliche Eiweißquellen aufgeführt und leckere Smoothie-Rezepte vorgestellt. Ich schreibe dieses Vorwort sehr gern, weil mir zwei Dinge an dem Büchlein besonders gut gefallen: Es ist nicht nur auf den Rohstoff »Protein« fixiert, sondern das Thema wird vielmehr ganzheitlich als wichtiger Aspekt einer ausgewogenen und gesunden Ernährung behandelt. Außerdem werden in den Rezepten möglichst unverarbeitete und frische Zutaten verwendet.

Es kommt eben nicht nur auf die reine stoffliche Zusammensetzung unserer Nahrung an, sondern auch auf deren Qualität und Wertigkeit!

Ich wünsche Ihnen nun viel Spaß bei der Lektüre und viel Freude und Genuss bei der Zubereitung und dem Verzehr der hier vorgestellten Smoothies!

Ihr Jörg Ullmann
(Biologe, Algenfarmer, Autor, Referent und Blogger »Die Welt der Algen«)

Einführung

Mit diesem Büchlein möchte ich Ihnen einen Einblick in die Welt der natürlichen, pflanzlichen Proteinquellen geben, die nicht nur vegan, sondern auch frei von Laktose, Soja und Gluten sind. Besonders durch den Genuss proteinreicher Smoothies, die schnell und unkompliziert zuzubereiten sind, können Sie viel für Ihre grundsätzliche Gesundheitsvorsorge tun. Neben diesen Smoothies möchte ich Ihnen auch die »functional smoothies« vorstellen. Diese Getränke können Sie ganz gezielt zu bestimmten Zwecken einsetzen, z. B. bei besonderen physischen und sportlichen Anforderungen oder auch bei psychischen oder mentalen Leistungen wie dem Lernen für eine Klassenarbeit oder eine Prüfung. Wir können damit Mängel ausgleichen, die Glückshormone aktivieren, einen erholsamen Schlaf fördern, den gewünschten Aufbau von Muskeln unterstützen und unsere Wachstums- und damit auch Verjüngungshormone aktivieren. Je nach Zutat und Kombination können unterschiedlichste Effekte erzielt und bestimmte Funktionen im Körper angeregt werden.

Eiweiß ist absolut lebensnotwendig für Menschen und Tiere, und es nimmt daher einen bedeutenden Platz in unserer Ernährung ein. Es ist jedoch nicht das Eiweiß, das wir benötigen, sondern die proteinogenen Aminosäuren, aus denen die Proteine aufgebaut werden. Normalerweise denken wir bei Begriffen wie Eiweiß oder Proteine sofort an Tierprodukte wie Eier, Milchprodukte, Fleisch und Fisch.

Zur Deckung ihres Proteinbedarfs setzen daher viele Menschen immer noch vorwiegend auf tierische Nahrungsmittel, obwohl ihnen vielleicht eine rein pflanzliche Ernährungsweise eher zusagen würde, nicht nur aus gesundheitlichen, sondern auch aus ethischen Gründen und zum Schutz der Umwelt.

Aber was ist überhaupt Eiweiß, und wo finden sich gute Proteinquellen? Wie viel Protein braucht man? Ist es sinnvoll, Proteine in Form von Nahrungsergänzungen aufzunehmen? Wie kann man als Sportler seinen Proteinbedarf vegan decken? Die Unsicherheit, die hinter diesen Fragen steht, beruht immer noch auf dem alten Irrglauben, dass wir Tiere und Tierprodukte essen müssen, um an unser tägliches Eiweiß zu kommen. Würde man jedoch von einem Stück Fleisch den Eiweißanteil entfernen, bliebe nur etwas Wasser, Fett und ein kleiner Anteil Vitamine und Mineralstoffe übrig. Wer braucht das wirklich, wenn uns die Natur eine so bunte und Lebenskraft spendende Vielfalt an essbaren Pflanzen zur Verfügung stellt, die uns mit Aminosäuren in verwertbarer Form versorgen können und dazu noch zahlreiche Vitamine, Mineralstoffe, Spurenelemente und Antioxidantien liefern.

In der »China-Studie« von T. Colin und Thomas M. Campbell wird der Zusammenhang zwischen der konventionellen, eiweißreichen Ernährung und der steigenden Zahl an Zivilisationskrankheiten ausführlich aufgezeigt. Es lohnt sich sehr, dieses Buch zu lesen, denn es bietet ein gutes Hintergrundwissen.

Was sind Proteine?

Proteine, auch Eiweiße genannt, sind sehr komplexe chemische Verbindungen aus Kohlenstoff-, Wasserstoff-, Sauerstoff- und Stickstoffatomen, die die vielen unterschiedlichen Aminosäuren bilden. Neben den Kohlenhydraten, Lipiden, Isoprenoiden und Nukleinsäuren sind die Proteine die wichtigsten hochmolekularen Bestandteile aller lebenden Zellen. Man nennt sie auch die »Bausteine der Zellen«, da sie in allen Körperzellen enthalten sind und ihnen Struktur verleihen. Aber nicht nur das: Sie sind auch molekulare Maschinen, die Metaboliten, also Zwischenprodukte des Zellstoffwechsels, transportieren, Ionen pumpen, chemische Reaktionen katalysieren und Signalstoffe erkennen. Proteine sind Makromoleküle; sie entstehen durch die Verknüpfung kleiner molekularer Bausteine, hier aus Aminosäuren. Peptide sind die kleinsten Proteine. Aus zwei Aminosäuren aufgebaut sind Dipeptide; Tetrapeptide bestehen beispielweise aus vier Aminosäuren. Das größte bekannte Protein ist das Muskelprotein Titin, das über 30.000 Aminosäuren enthält.

Die optimale Eiweißversorgung unseres Körpers hängt unter anderem von der Verdaulichkeit des jeweiligen Proteins und auch von der Zusammensetzung der Aminosäuren ab. Je stärker das Aminosäurenprofil eines Nahrungsproteins, also sein Muster oder seine Zusammensetzung, dem des menschlichen Organismus entspricht, desto höher ist seine biologische Wertigkeit. Die biologische Wertigkeit sagt z. B. aus, wie viel Gramm Körperprotein aus 100 g Nahrungsprotein gebildet werden können. Im Darm werden Nahrungsproteine durch Enzyme aufgeschlossen, sodass die Aminosäuren über die Blutbahn zum ihrem jeweiligen Ziel transportiert werden können. Dort erfüllen sie dann spezielle Funktionen und Aufgaben.

Überblick über die Funktionen von Eiweißen

Enzyme/Enzymatische Katalyse

Enzyme sind Biokatalysatoren, ohne die Leben unmöglich wäre. Beinahe sämtliche chemische Reaktionen im Zellstoffwechsel werden von diesen besonderen Makromolekülen katalysiert.

Transportproteine

Spezielle Proteine transportieren kleinere Moleküle entweder durch Membranen zwischen den Zellkompartimenten oder auch über längere Distanzen im Körper. Hämoglobin ist z. B. für den Transport von Sauerstoff im Blut verantwortlich.

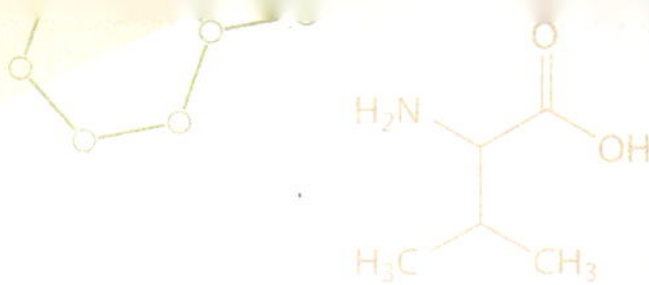

Speicherproteine

Viele Proteine, die zur Klasse der Globuline gehören, sind Nahrungs- bzw. Energiespeicher, die in Leber, Milz und Muskeln verwahrt werden, z. B. als Reservestoffe für Hungerzeiten. Als Speicherprotein kennt man das Albumin der Milch oder die Reserveproteine in den Samen von Hülsenfrüchten.

Kontraktile Proteine/Bewegungsproteine

Actin und Myosin z. B. vermitteln durch aneinander vorbeigleitende Bewegung die Kontraktion von Muskeln.

Struktur-, Stütz- und Skleroproteine

Das Faserprotein Kollagen beispielsweise gewährleistet eine enorme Zugfestigkeit von Haut, Sehnen und Knochen.

Blutgerinnungsfaktoren

Diese Eiweiße verhindern einen starken Blutverlust und schließen Wunden durch Gerinnungsreaktionen.

Schutzproteine

Schutzproteine dienen der Verteidigung gegen pathogene Mikroorganismen. Antikörper als Komponenten der Immunabwehr erkennen Viren, Bakterien oder Fremdzellen und binden diese. Die dominierende Gruppe unter diesen Proteinen sind die Immunglobuline.

Kontrollproteine

Zum koordinierten Wachsen und Differenzieren von Zellen und Organismen gehört die zeitlich-räumlich exakt abgestimmte Expression genetischer Informationen. Repressorproteine liefern dazu wichtige Steuerungselemente. Bei höheren Organismen haben viele Wachstumsfaktoren eine Proteinnatur.

Rezeptorproteine

Diese besonderen Proteinstrukturen übermitteln die Antwort von Nervenzellen auf spezifische Reize. Sie können auch durch Neurotransmitter stimuliert werden und z. B. ein chemisches Signal in einen elektrischen Impuls umwandeln.

Toxische Proteine

Diese Eiweiße sind körpereigene Giftstoffe, die z. B. Bakterien und andere Mikroorganismen bekämpfen, die den lebendigen Organismus bedrohen könnten. Toxische Proteine kennen wir z. B. vom Schlangengift.

Alle aufgenommenen Eiweiße werden durch die Verdauung in ihre Bestandteile, die Aminosäuren, zerlegt. Daraus werden dann körpereigene Eiweiße nach den Bauplänen unserer DNA neu erstellt. So trägt jede einzelne Aminosäure, je nachdem, in welcher

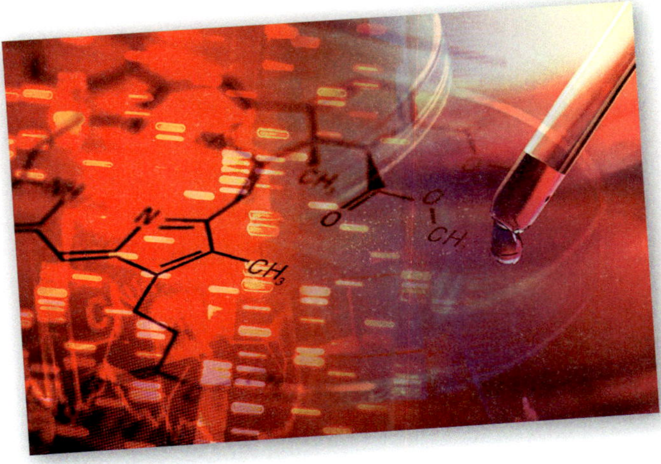

molekularen Verbindung sie auftritt, zur Erfüllung der unterschiedlichsten Aufgaben in unserem Organismus bei, wodurch Leben, Wachstum, Erneuerung, Selbstheilung, Regeneration und vitales Leben erst möglich sind.

Als einer der drei bedeutendsten Makronährstoffe des menschlichen Lebens spielen Proteine neben Kohlenhydraten und Fetten auch eine wichtige Rolle als Energielieferant. Proteine und Kohlenhydrate liefern jeweils 4 Kilokalorien pro Gramm; sie haben also den gleichen Brennwert. Mit 9 Kilokalorien pro Gramm hat Fett mehr als doppelt so viel Energie. Chemisch betrachtet bestehen Nahrungsproteine aus langen Aminosäureketten.

Insgesamt spricht man von 20 proteinogenen Aminosäuren. 8 davon, Isoleucin, Leucin, Lysin, Methionin, Phenylalanin, Threonin, Tryptophan und Valin, sind essenzielle Aminosäuren, die der Körper mit der Nahrung aufnehmen muss. Außerdem gibt es noch semi-essenzielle Aminosäuren wie Arginin und Histidin, die besonders von Kindern, älteren Menschen, Schwangeren oder in Stresssituationen zusätzlich über die Nahrung aufgenommen werden sollten. Alle anderen kann unser Körper selbst bilden.

Aus Aminosäuren baut der Körper also Zellen und Gewebe auf wie Blut, Muskelfasern und Organe, aber auch Enzyme, Hormone und die Antikörper des Immunsystems. Da unsere Zellen sich ständig erneuern, sind wir auf die regelmäßige Zufuhr von Proteinen angewiesen. Natürlich kann unser Organismus auch Proteine aus dem körpereigenen Zellstoffwechsel recyceln, die Aminosäuren aufbewahren und bei Bedarf an geeigneter Stelle wiederverwenden. Es kommt jedoch auf die Qualität der Eiweiße an, die wir zu uns nehmen. Neben den essenziellen, also unentbehrlichen, Aminosäuren müssen wir auch eine ausreichende Menge der entbehrlichen Aminosäuren mit der Nahrung aufnehmen.

Die einzelnen Aminosäuren

Aminosäuren sind in unterschiedlichen Zusammensetzungen und Mengenverhältnissen in pflanzlichen Nahrungsmitteln enthalten, z. B. in frischen und getrockneten Früchten, in Nüssen, Samen, Kernen, Hülsenfrüchten, Sprossen und Keimlingen, Blattgrün, Blattgemüse, Stielgemüse, Wurzelgemüse, Knollengemüse, Kohl, Blüten, Gräsern, Kräutern, Wildkräutern, Pilzen und Algen. Bei einer ausgewogenen und vielseitigen Frischkosternährung erhält unser Organismus alle Aminosäuren, die er braucht.

Alanin (nicht-essenziell)
Alanin benötigen wir für schöne und naturgesunde Haut, Kopfhaut und Haare und für die optimale Funktion der Nebennieren.

Arginin (semi-essenziell)
Arginin kann im Körper selbst gebildet werden. Es stärkt das Immunsystem, stimuliert die Thymusdrüse, unterstützt den Blutkreislauf, beeinflusst die Muskelkontraktion, unterstützt die Zellregeneration und fördert die körperliche und die geistige Beweglichkeit. Für eine optimale Funktion der Hirnanhangdrüse ist Arginin lebensnotwendig. Es spielt auch bei der Freisetzung des Wachstumshormons eine wichtige Rolle und gilt als natürliches Viagra.

Asparaginsäure (nicht-essenziell)

Asparaginsäure steigert das Durchhaltevermögen und die Ausdauer, schützt das Nervensystem und unterstützt die Ausscheidung von schädlichem Ammoniak. Auch für den Erhalt von Knochen und Zähnen sowie die optimale Funktion der Atmungsorgane und des Herz-Kreislauf-Systems benötigen wir Asparaginsäure.

Cystin und Cystein (nicht-essenziell)

Cystin ist die stabile Form der schwefelhaltigen Aminosäure Cystein. Im Organismus kann eines schnell in das andere verwandelt werden. Cystein in Kombination mit einer dreifachen Dosis Vitamin C ist besonders hilfreich für Menschen, die rauchen und regelmäßig Alkohol trinken. Cystein gehört zu den Anti-Aging-Nutrients, es ist ein wichtiges Antioxidans und Radikalenfänger. Es stärkt das Immunsystem, hilft bei Stress und außergewöhnlichen Belastungen, ist wichtig für die Milchbildung in der Stillzeit und den Aufbau der Haare. Auch bei Tieren bewirkt es ein gesundes, schönes Fell.

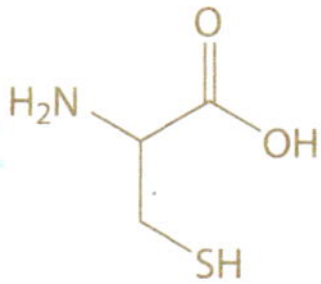

Glutamin (nicht-essenziell)
Diese Aminosäure verbessert die Energiereserven, hilft bei außergewöhnlicher physischer und psychischer Beanspruchung und sorgt für erholsame und vor allem regenerative Ruhephasen. Sie ist wichtig für die Herstellung der Verdauungssäfte sowie für die Umwandlung von Glykogen in Zucker. Glutamin wirkt desinfizierend und unterstützt den Muskelaufbau.

Glutaminsäure (nicht-essenziell)
Als nicht-essenzielle Aminosäure ist Glutaminsäure Bestandteil von Proteinen. Sie ist am Zellstoffwechsel beteiligt und an der Bildung anderer Aminosäuren. Als wichtiger Neurotransmitter im zentralen Nervensystem trägt Glutaminsäure auch zur Konzentrations- und Leistungssteigerung bei.

Glycin (nicht-essenziell)
Diese einfach gebaute Aminosäure ist Bestandteil fast aller Proteingruppen, in besonders hoher Konzentration in unserem Bindegewebe vorhanden und damit auch an der Bildung von Knorpeln und Muskelfasern beteiligt. Sie dient dem Zellschutz, wirkt bei oxidativem Stress, stärkt das Immunsystem und die Gehirnfunktion, schützt die Leber und unterstützt das Lernvermögen, das Erinnerungsvermögen und die Länge und Intensität des Schlafes.

Histidin (semi-essenziell)

Sie gilt nur bedingt als essenzielle Aminosäure. Sie ist die Vorstufe des Histamins (Schlüsselsubstanz bei allergischen Vorgängen) und ein Botenstoff im Gehirn, der auch an der Regulierung des Schlaf-Wach-Rhythmus beteiligt ist. Histidin unterstützt den Aufbau des roten Blutfarbstoffs Hämoglobin, die Leber bei der Glykogenbildung und schützt die Zellen vor freien Radikalen. Außerdem ist sie Bestandteil der Spermien und von Enzymen des Kohlenhydrat- und Eiweißstoffwechsels. In Stresssituationen erhöht sich der Bedarf an Histidin.

Isoleucin (essenziell)

Isoleucin wirkt bei der Einstellung der Thymusdrüse während Kindheit und Jugend sowie der von Hirnanhangdrüse und Milz während der Jugend. Es ist wichtig für Wachstum und Regeneration der Körpergewebe und für die Erneuerung des Hämoglobins. Isoleucin trägt zur Regulierung des Stoffwechsels bei.

Leucin (essenziell)

Leucin, ebenfalls eine essenzielle Aminosäure, hat einen ausgleichenden Einfluss auf die Funktionen des Isoleucins. Es ist in denselben Nahrungsmitteln enthalten, die Isoleucin liefern.

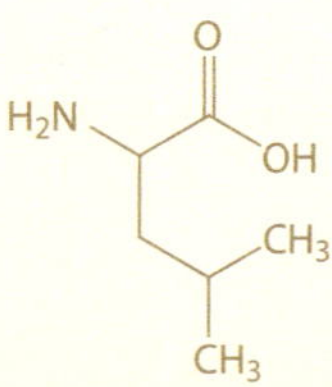

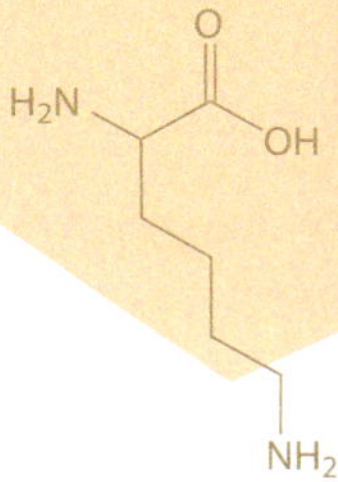

Lysin (essenziell)

Diese Aminosäure ist einer der wichtigsten Bausteine des Bindegewebes und des Kollagens. Leiden wir unter Lysinmangel kann das zu Bindegewebsschwäche führen. Lysin ist wichtig für die optimale Funktion von Leber- und Gallenblase, ist beteiligt am Fettstoffwechsel und erforderlich für die Regulation und für das hormonellen Zusammenwirken von Zirbeldrüse, Milchdrüsen, Gelbkörper und Eierstöcken. Es schützt Körperzellen und Gewebe vor Degeneration und die Zellen vor freien Radikalen. Außerdem stärkt Lysin das Immunsystem, das Herz und die Gefäße und ist unentbehrlich für das Wachstum.

Methionin (essenziell)

Methionin ist wichtig für den Aufbau von Bindegewebe, besonders für Knorpel, die Entschlackung und die Regulierung des Säure-Basen-Haushalts. Methionin ist auch ein Bestandteil des Bluthämoglobins, des Blutserums und der Gewebe und zudem beteiligt an der Funktion von Milz, Bauchspeicheldrüse und Lymphdrüsen.

Phenylalanin (essenziell)

Diese Aminosäure übermittelt Signale zwischen Nervenzellen und Gehirn, sorgt für Wachheit, geistige Beweglichkeit und Vitalität und ist beteiligt an der Beseitigung von Ausscheidungsstoffen und an der Nieren- und Blasenfunktion. Unter Anwesenheit von Alkohol verliert sie größtenteils ihre Wirksamkeit.

Prolin (nicht-essenziell)

Prolin, ein wichtiger Kollagenbaustein, kann im Körper hergestellt werden, sollte aber bei erhöhtem Bedarf als Ergänzung zugeführt werden. Optimalerweise wird Prolin mit Vitamin C kombiniert. Prolin ist beteiligt an den Aktivitäten der weißen Blutkörperchen (Leukozyten), reguliert die Fettemulgierung und sorgt für gesunde Arterienwände und gesundes Bindegewebe.

Serin (nicht-essenziell)

Serin ist wichtig für die Reinigung der Gewebe, vor allem in den Schleimhäuten, der Lunge und der Bronchien. Es wird unwirksam bei Anwesenheit von Nikotin.

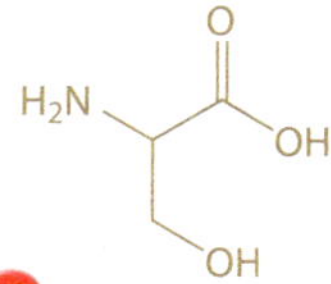

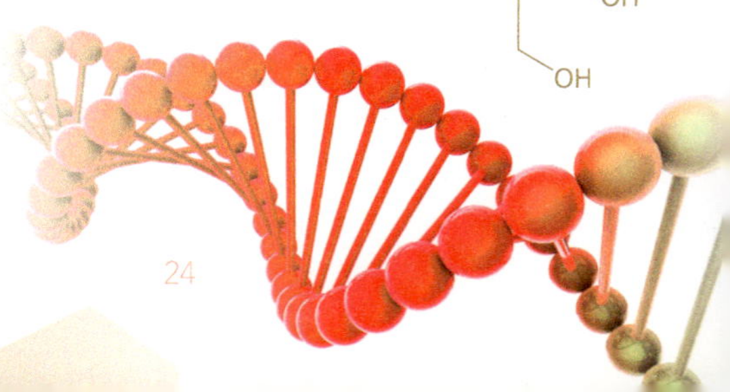

Taurin (nicht-essenziell)

Taurin ist keine Aminosäure, sondern entsteht als Abbauprodukt der Aminosäuren Cystein und Methionin, wenn ausreichend Vitamin B6 vorhanden ist. Es unterstützt die Fettverdauung, die Aufnahme fettlöslicher Vitamine und die Regulierung des Cholesterinspiegels im Blut. Taurin schützt das Gehirn, stärkt Herz und Sehkraft und hilft bei der Behandlung von Angstzuständen. Übermäßiger Alkoholkonsum (Vitamin-B6-Räuber) hemmt die Synthese von Taurin.

Threonin (essenziell)

Threonin, dessen Funktionen bis heute noch nicht in Gänze erforscht ist, trägt zur Bildung von Antikörpern und Immunglobulinen bei und ist daher bedeutend für das Immunsystem. Außerdem ist es ein wichtiger Baustein im Eiweißstoffwechsel und bei der Bildung von Enzymen und Hormonen. Threonin hilft in Zeiten hoher Belastung und beim Aufbau und Erhalt gesunder Schleimhäute.

Tryptophan (essenziell)

Diese Aminosäure ist die Vorstufe von Serotonin und Melatonin. Sie stärkt die innere Balance und lindert Symptome, die durch biochemische Störungen im Körper entstanden sind, z. B. durch Alkohol- oder Drogenmissbrauch. Serotonin, ein Botenstoff im Gehirn, regelt den Schlaf-Wach-Rhythmus, die Gemütsverfassung und das Schmerzempfinden. Melatonin ist ebenfalls für einen funktionierenden Schlaf-Wach-Rhythmus notwendig. Tryptophan ist beteiligt an der Bildung von Zellen und Geweben im Körper und an der Bildung und der optimalen Funktion der Magen- und Pankreassäfte.

Tyrosin (nicht-essenziell)

Tyrosin zählt nur bedingt zu den essenziellen Aminosäuren. Phenylalanin wird in der Leber zu Thyrosin umgewandelt, das aber nur aus dieser Aminosäure synthetisiert werden kann. In Stresssituationen ist dieser Prozess nur bedingt möglich, dann wird Tyrosin zu einer essenziellen Aminosäure. Sie ist beteiligt an der Funktion von Schilddrüse, Hirnanhangdrüse, Nebennieren und Hoden und notwendig für ein gesundes Hormonsystem. Sie unterstützt die Stoffwechselregulation, wirkt antriebssteigernd und ist ein Bestandteil der Pigmentzellen im Haar.

Valin (essenziell)

Diese Aminosäure ist beteiligt an der Regelung des Gehirnstoffwechsels, an der Funktion des Gelbkörpers, der Milchdrüsen und der Eierstöcke und an deren jeweiligem Zusammenwirken mit anderen Drüsen.

Aufgaben der Aminosäuren im Organismus – kurz und knapp

- Antioxidativer Zellschutz:
  Arginin, Cystein, Glutathion, Taurin
- Immunabwehr: Cystein, Glutamin
- Wachstumshormon: Arginin, Glutamin
- Entgiftung von Ammoniak: Arginin
- Gefäßerweiterung: Arginin
- Stickoxidproduktion: Arginin
- Herstellung von Coenzym Q10: Methionin
- Konzentrations- und Leistungssteigerung:
  Glutaminsäure
- Synthese von Hormonen und Neurotransmittern:
  Phenylalanin, Tyrosin
- Grundsubstanz für Serotonin: Tryptophan
- Regulierung des Gehirnstoffwechsels:
  Isoleucin, Leucin, Valin

In Phasen erhöhten Bedarfs können wir uns die jeweils benötigten Aminosäuren auch als Nahrungsergänzung zuführen plus die dazu nötigen Hauptvitamine zur Verstoffwechselung wie B2, B3 und B6.

Wie viel Eiweiß brauche ich täglich? Und woher bekomme ich es?

Bevor wir zu den Fragen aus der Überschrift kommen, möchte ich Ihnen etwas zur Denaturierung von Eiweiß mit an die Hand geben. Nicht nur chemische Einflüsse wie Salze, Säuren und organische Lösungsmittel können diesen Prozess in Gang setzen, sondern auch physikalische Einwirkungen wie z. B. hohe oder tiefe Temperaturen oder auch Druck. Sie verändern die molekulare Struktur von Proteinen, nicht jedoch die Reihenfolge der Aminosäuren (Primärstruktur). Diesen Vorgang nennt man Denaturierung. Durch das Kochen der Speisen denaturieren sie, sie werden dabei leichter verdaulich. Sie ändern bei diesem Vorgang jedoch auch die physikalischen und physiologischen Eigenschaften der Proteine, und die hitzeempfindlichen Enzyme werden zerstört. Wie wir alle wissen, kann schon Fieber von 42° C das Leben von uns Menschen gefährden, da die Proteine nach der Denaturierung ihre Aufgaben im Organismus nicht mehr erfüllen können. So betrachtet wird leicht nachvollziehbar, warum eine vegane Vitalkost-Ernährung mit pflanzlicher Frisch- und Rohkost so förderlich für unsere Gesundheit und unser Wohlbefinden ist!

Aber wie können nun Veganer und Rohköstler, besonders auch Kinder im Wachstum, Sportler und körperlich schwer arbeitende Menschen ihren Eiweißbedarf auf pflanzlicher Basis decken? Die Antwort ist einfach: Wenn wir uns von frischer, reiner Pflanzenkost ernähren, haben wir alles, was wir zum Leben brauchen, in bester Qualität und optimaler Vitalstoffdichte. Selbst Tiere wie Kühe, Pferde, Elefanten und Giraffen ernähren sich von Pflanzenkost, von wilden Kräutern, Gräsern und Blättern. Sie haben keinen Eiweißmangel und können wunderschön, stark, kraftvoll und groß werden. Im Grunde nehmen wir mit dem Fleisch getöteter Tiere und mit Tierprodukten nur Second-Hand-Grünzeug auf, das wesentlich mehr Verdauungsarbeit und giftige Stoffwechselrückstände verursacht, als wenn wir unsere körpereigenen Proteine gleich aus pflanzlichen Aminosäuren aufbauen würden.

Der Mindestbedarf an Eiweiß liegt laut Wissenschaft bei 0,34 g/kg Körpergewicht. Ernährungsexperten legen den täglichen Bedarf an Proteinen etwas höher an, bei 0,8 g/kg Körpergewicht. Wenn wir die biologische Wertigkeit der unterschiedlichen Eiweißquellen in Betracht ziehen, können beide Empfehlungen sinnvoll sein, je nachdem, mit welcher Art von Eiweiß wir unseren Körper versorgen und wie gut er es assimilieren, also aufnehmen, und in körpereigenes Protein umbauen kann. Im Grunde ist der Eiweißbedarf jedoch bei jedem Menschen etwas anders und hängt von unterschiedlichen Faktoren ab, z. B. von genetischen Faktoren, dem Alter, dem Geschlecht, der Größe, dem Gewicht, vom allgemeinen Gesundheitszustand, vom Stresspotenzial, von der Art und dem Ausmaß der täglichen Herausforderungen und von der Ernährungs- und Lebensweise. Generell haben Kinder im Wachstum, Schwangere, Sportler und schwer arbeitende Menschen einen etwas höheren Bedarf.

Um den Körper ausreichend mit Aminosäuren zu versorgen, die er nicht selbst produzieren kann, ist neben der Menge auch die Zusammensetzung der Proteine wichtig. Im Allgemeinen bezeichnet man Eiweiß tierischen Ursprungs als »vollständiges Eiweiß« und Eiweiß pflanzlichen Ursprungs als »unvollständiges Eiweiß«. Wenn wir jedoch über den Tag hinweg mehrere verschiedene Pflanzenarten, Früchte, Gemüse, grüne Blätter, Nüsse, Samen und Keimlinge zu uns nehmen, kommen wir über die pflanzliche Ernährung

problemlos an ein vollständiges Aminosäurespektrum heran. Ohne großen Aufwand und giftige Rückstände wandelt unser Körper pflanzliche Nahrungsproteine in körpereigene Proteine um. Hanfsamen beispielsweise verfügen grundsätzlich über alle essenziellen Aminosäuren.

Dank der wachsenden Beliebtheit der veganen Lebensweise finden wir inzwischen hervorragende, vegane Proteinpulver in Bio- und Rohkostqualität im Handel, wie z. B. Hanf-, Erbsen- und Reisprotein, die gemischt schon ein vollkommenes Aminosäurenprofil enthalten. Auch andere Mischungen sind erhältlich, bei denen noch Pulver aus getrockneten Gräsern, Grassäften, Kräutern und Blättern zugegeben werden. Natürlich bekommen Sie die Proteinpulver auch sortenrein und einzeln zu kaufen. Dazu gehören auch Sesam-, Kürbiskern-, Sonnenblumen- und Süßlupinenprotein, Edelkastanien-Rohkostpulver, gemahlene

Chia-Samen und Leinsamen, verschiedene Greens- und Grassaftpulver, Brennnesselpulver, Brennnesselsamen und vieles andere mehr. Suchen Sie sich einfach aus, was Ihnen gefällt, guttut, schmeckt und von hoher Wertigkeit ist. Experimentieren Sie in der Zubereitung Ihrer ganz individuellen Protein-Smoothies. Greifen Sie zu nicht-aromatisierten Produkten, denn vorgefertigte Aromen schränken die kreative Zubereitung zu sehr ein, vor allem wenn Stevia oder andere Süßungsmittel und Zusatzstoffe enthalten sind. Je reiner das Proteinpulver und je authentischer es in seinem Geschmack ist, desto besser ist es für den Organismus. Es gibt in den angebotenen Produkten große Qualitätsunterschiede. Tolle Produkte erhalten Sie z. B. in Bioläden, Reformhäusern, gut sortierten Bio-Abteilungen in Einkaufsmärkten, im Vegan- und Rohkost-Fachhandel und -Versandhandel.

Spezielle Aminosäuren sind auch als Einzelpräparate sowie in ausgewogenen Kombinationen erhältlich, z. B. in dem Produkt MAP. Spezifische Nahrungsergänzungen können die Gesundheit fördern, ob es nun um die Stärkung des Immunsystems geht, um eine Verbesserung der physischen und psychischen Regeneration oder darum, der Abhängigkeit von Drogen und anderen Suchtstoffen entgegenzuwirken. Wenn bereits eine Dysbalance oder massive

Mängel vorliegen, ist es sinnvoll, sich daraufhin im Labor testen und von einem fachkompetenten Arzt oder Therapeuten beraten zu lassen. Experimentieren Sie nicht mit Einzelpräparaten herum; Nahrungsergänzungen sind kein Ersatz für eine naturgesunde Ernährung und Lebensweise.

Wachstumshormone sorgen für eine gesunde Entwicklung, Wachstum, Regeneration und den Erhalt der Jugendlichkeit.

Zur Freisetzung des Wachstumsfaktors brauchen wir Nährstoffe, die seine Produktion anregen, z. B. die Aminosäuren Ornithin, Arginin, Tryptophan, Glutamin, Glycin und Tyrosin, die zusammen wirken mit Vitamin B6, Niacinamid, Zink, Kalium, Magnesium, Kalzium und Vitamin C. Wachstumshormone werden nachts ausgeschüttet, mit dem Höhepunkt etwa 90 Minuten nach dem Einschlafen. Achten Sie also auf abgedunkelte Schlafräume, damit keine Lichtquelle Ihr Hormonsystem durcheinanderbringt. Mit dem Alter sinkt der Spiegel der Wachstumshormone im Blut; nach dem 50. Lebensjahr wird die Produktion eingestellt. Durch zusätzliche Aminosäureaufnahme, vegane Vitalkost, eine optimale Vitamin- und Mineralstoffversorgung, sportliche Bewegung wie Workouts in der Natur, auf dem Trampolin, Yoga usw., Sonnenlicht, reines Wasser, Verringerung der Nahrungsaufnahme und ausreichend Schlaf können wir die Produktion der Wachstumshormone jedoch wieder anregen und so wesentlich länger jung bleiben.

Proteinreiche Ernährung und Sport sind bedeutend für die physische und psychische Gesundheit – in jedem Alter!

Zu den essenziellen Lebensbedürfnissen von uns Menschen gehört neben frischer Luft, Sonne, reinem Wasser, natürlicher und vitalstoffreicher Nahrung ausreichend Ruhe und Schlaf sowie Bewegung, Ausdauersport, Dehnungsübungen und Muskeltraining in einem ausgeglichenen Verhältnis. In der heutigen Zeit, in der wir im Alltag eher weniger Bewegung haben und meist in jedem Lebensalter unzähligen Stressfaktoren und Stresssituationen ausgesetzt sind, leben viele Menschen, oft schon von Kindesbeinen an, mit einem Adrenalinüberschuss, der – wird er nicht ausgeglichen – mit den Jahren zu ernsthaften physischen und psychischen Problemen führen kann. Es fängt schon im Kindesalter mit Verhaltensauffälligkeiten an, mit Unausgeglichenheit in Form von überzogenem und der Situation unangepasstem Verhalten, Weinerlichkeit, übermäßigem Herumzappeln. Öfter kommt es zu Aggressionen mit kleinen oder größe-

ren Wutanfällen. Der kleine Mensch unterliegt einem Chaos der Emotionen, hat dazu vielleicht Probleme mit der Konzentration und Aufmerksamkeit und weiß gar nicht recht, wohin mit all der Energie. Genau das kennen auch viele Erwachsene, die dieses Gefühl mit sportlicher Betätigung von Auspowern bis Yoga und/oder mit kreativem Schaffen kompensieren. Das nennt sich dann »Stressabbau«. Alles, was Stress verursacht, führt letztlich zu einem Anstieg des Adrenalins, das wieder abgebaut werden muss, damit es auf Dauer nicht zu physischen oder psychischen Schäden kommt.

Wer Stress nicht abzubauen vermag, landet meist beim Therapeuten, und nicht selten kommen Medikamente und Psychopharmaka zum Einsatz, die am Ende noch mehr Adrenalin freisetzen oder durch zahlreiche Nebenwirkungen noch zusätzliche Probleme verursachen. Schon bei Jugendlichen und jungen Erwachsenen kann es dann leicht einmal zu aggressiven und depressiven Phasen kommen, zu Überempfindlichkeiten, Gewichtsabnahme oder -zunahme, Angststörungen, stressbedingten Verdauungsstörungen und auch zu Assimilationsproblemen, da der Körper sein Zuviel an Adrenalin nicht loswird. Oft endet diese Lebensweise im Burn-out – oder Schlimmerem. Neben den alltäglichen und oft unausweichlichen Stressfaktoren spielen definitiv auch eine unnatürliche und unausgeglichene Lebens- und Ernährungsweise und ungeeignete Nahrungsmittel eine Rolle, die den Körper noch mehr in Bedrängnis bringen, z. B. Zucker, Milchprodukte, glutenhaltige Nahrungsmittel und allerlei Industrienahrungsmittel. Diesen Nahrungsmitteln fehlen jegliche natürliche Ordnungsinformationen und Lebensenergie.

Viele Menschen spüren, dass sie durch Sport, Bewegung, frische Luft, Sonnenlicht, Wasser trinken und ganz besonders durch regelmäßiges Auspowern überschüssige Energie loswerden, wodurch sie ihre Balance wiederfinden und Stressfaktoren auf natürliche Weise kompensieren können. Wenn Sie es richtig machen wollen, treiben Sie Sport nicht bis zur völligen Erschöpfung und auch nicht bis zur totalen Übersäuerung. Halten Sie in allem Maß, und ernähren Sie sich von aminosäurereichen Speisen mit viel Gemüse und Grünzeug. Wichtig ist, dass Sie Nahrungsmittel mit einem niedrigen glykämischen Index wählen. Meiden Sie auf jeden Fall alle Produkte, die Industriezucker oder künstliche Süßstoffe enthalten. Trinken Sie reichlich Wasser, füllen Sie stets Ihren Elektrolytehaushalt wieder auf, halten Sie Ihren Darm gesund, sorgen Sie für innere und äußere Reinheit, befassen Sie sich mit angenehmen Dingen, denken Sie aufbauende Gedanken, fördern Sie Ihre Intuition und Kreativität. Seien Sie bei sich selbst und, so oft es geht, im Hier und Jetzt. Lernen Sie Ihren Körper und seine Reaktionen kennen. Geben Sie ihm das, was er braucht, und bewahren Sie ihn vor dem, was er nicht braucht und was ihn nur belasten würde.

So können Sie mit Sport, optimal kombinierten Protein-Smoothies, einer veganen, glutenfreien, frischen Vitalkost-Ernährung, die eher auf Pflanzenprotein, Gemüse, nicht zu süßen Früchte und Beeren sowie allerlei Grünzeug basiert, sehr viel Adrenalin und negativen Stress abbauen und damit optimale Voraussetzungen für Ihre Gesundheit schaffen. Positiver Stress kann zeitweise sehr inspirierend sein und die Gesundheit und Lebensfreude fördern, aber negativer Stress schadet nur.

Eiweißreiche Pflanzenkost

Eine Vielzahl an Pflanzen liefert uns proteinogene Aminosäuren zum Aufbau von körpereigenen Proteinen. Sämtliche Früchte, Gemüsefrüchte, Stielgemüse, Blattgemüse, Wurzelgemüse, Knollengemüse, Blüten, Kräuter, Wildkräuter, Gräser, Nüsse, Samen, Kerne, Sprossen und Keimlinge verfügen über einen individuellen Gehalt an pflanzlichen Proteinen in unterschiedlichster Menge und Zusammensetzung. Je wasserreicher die frischen Pflanzen sind, desto kleiner sind die messbaren Mengen an Protein pro 100 g. Getrocknete Pflanzen weisen höhere Nährwerte pro 100 g auf. Nüsse, Samen und Kerne sowie Hülsenfrüchte haben von Natur aus einen höheren Proteingehalt. Es gibt als Ersatz für die bei Sportlern beliebten Protein-Shakes inzwischen hervorragende roh-vegane, sojafreie, glutenfreie Pflanzenproteine, die man auch als fertige Proteinpulver in Bio- und Rohkostqualität kaufen kann. Wer schnell oder unterwegs seine Shakes zubereiten möchte, ist mit einem hochwertigen Proteinpulver gut bedient. Man kann diese Pulver mit Wasser oder mit Nuss- und Samenmilch verdünnen oder die Shakes zusätzlich mit Früchten und anderen Zutaten zu einem cremigen Smoothie verarbeiten.

Durch die Mischung pflanzlicher Proteine, die sich gegenseitig ergänzen, kommt es auch zu einer Erhöhung der Wertigkeit der Nahrungsproteine, und man nimmt leicht ein vollständiges Aminosäureprofil auf. Ob Sie nun Pflanzenproteine direkt aus natürlichen und frischen Vitalkost-Quellen beziehen oder in bester Bio- und Rohkostqualität von einem Hersteller oder Händler Ihres Vertrauens, müssen Sie selbst entscheiden. Ich möchte Ihnen leckere Rezepte für beide Möglichkeiten zur Verfügung stellen, dann können Sie es mit der Zubereitung Ihrer Protein-Smoothies so halten, wie es Ihnen gerade passt.

Frische Früchte

Frische Früchte haben im Schnitt zwischen 0,5–2 g Protein pro 100 g. Verarbeiten Sie einfach alle Früchte, die Sie gern essen, regionales Obst der Saison, Beeren und Tropenfrüchte in Bioqualität. Mischen Sie in Ihren Smoothies jedoch nicht zu viele unterschiedliche Fruchtsorten, dann sind die Smoothies leichter bekömmlich. Ergänzend können Sie auch zu gefrorenen Früchten greifen. Zwar zerstört das Einfrieren die Zellstruktur der Früchte und Pflanzen, die Farben, der Geschmack und die Vitalstoffe jedoch bleiben weitgehend erhalten.

Trockenfrüchte

Datteln, Rosinen, Sultaninen, Tamarinden, Ananas, Sauerkirschen, Mango, Papaya, Goji-Beeren, Drachenfrucht, Apfel, Maulbeeren, Aprikosen, Pflaumen, Bananen und was Sie sonst noch an Trockenfrüchten mögen. Auch Fruchtpulver sind eine gute Alternative.

Glutenfreies Getreide und Alternativen

Amarant, Buchweizen, Hirse, Quinoa, Reis, am besten aktiviert, also gekeimt

Chia-Samen sind glutenfrei, leicht verdaulich, reich an Mineralstoffen, Spurenelementen, Vitamin A, C, E, B-Vitaminen, antioxidativen Pflanzenstoffen, essenziellen Fettsäuren (besonders Alpha-Linolensäure), bei einem

Fettgehalt von etwa 30%, und reich an Aminosäuren, bei ca. 20% Proteingehalt, und sie können etwa die 10–12fache Menge Wasser an sich binden. Super im Protein-Smoothie für Ausdauertraining!

Sprossen und Keimlinge

aus z. B. Sonnenblumenkernen, Sesam, Kürbiskernen, allgemein aus Samen, Kernen und Nüssen aller Art.

Durch den Aktivierungsprozess bzw. durch das Erwecken des Samens durch das Wasser kommt es zu enzymatischen Prozessen, und damit erhöht sich der Nährstoffgehalt um ein Vielfaches und die Nährstoffe sind besonders gut assimilierbar.

Erbsenprotein, das aus aktivierten Erbsen stammt, verfügt über alle acht essenziellen und viele nicht-essenzielle Aminosäuren. Wir finden es in veganen Proteinpulver-Mischungen für Sportler, da es wunderbar den Muskelaufbau unterstützt. Um die biologische Wertigkeit von Erbsenprotein zu erhöhen, mischt man es gern z. B. mit Reisprotein, denn beide ergänzen sich optimal. Auch rohe frische Erbsen, selbst gezogene Erbsenkeimlinge oder aktivierte, getrocknete und pulverisierte Erbsen sind eine gute Alternative.

Süßlupinenprotein (vorzugsweise aus aktivierten Süßlupinen-Samen) ist frei von Purinen, basisch, reich an Aminosäuren, Vitalstoffen und Ballaststoffen. Es enthält alle essenziellen Aminosäuren, und sein Eiweißgehalt liegt bei ca. 40 % in einer besonders leicht verwertbaren Form.

Reisprotein aus aktivierten Reiskörnern überzeugt mit einer hohen Bioverfügbarkeit und einem etwa 80%igen Anteil an Protein. Reisprotein soll dem Protein von Muttermilch zu 98 % ähneln, sofern es sich um ein hochwertiges Produkt in Bio- und Rohkostqualität handelt. Reisprotein ist auch reich an Vitalstoffen, wie z. B. Vitamin B1, B2, B5, B6, Biotin, Cholin, Inosit, Folsäure, Vitamin E, Spurenelementen und Minaralstoffen, Für einen Smoothie passt z. B. eine Dosis Reisprotein von 15 g.

Samen und Nüsse

Hanfsamen, Chia-Samen, Cashewkerne, Mandeln, Zedernnüsse, schwarzer Sesam, weißer Sesam, Sonnenblumenkerne, Kürbiskerne, Leinsamen, Mohn, Goldleinsamen, Pistazien, Pinienkerne, Haselnüsse, Walnüsse, Paranüsse, Pekannüsse, Samen von Brennnesseln, Macadamianüsse, Bucheckern

Lassen Sie Nüsse und Samen vor dem Verzehr einige Stunden einweichen, am besten über Nacht, damit Enzymhemmer abgebaut werden. Das macht sie wesentlich leichter verdaulich. Allgemein sind Samen leichter verdaulich als Nüsse.

Die Hanf-Pflanze ist eine der bedeutendsten Nutz-, Zier- und Heilpflanzen dieses Planeten und direkt verwandt mit dem Hopfen! Es gibt zahlreiche ursprüngliche, natürliche und hochgezüchtete Sorten, die ganz unterschiedliche Verwendung finden, sei es als THC-reicher, psychoaktiver Hanf (Medizin oder Drogen), Nutzhanf (besonders faserreich für Dämmungsmaterial, Seile, Papier, Kleidung ...) oder als Speisehanf (Nutzung der Samen zum Verzehr, zur Ölherstellung oder für Proteinpulver und der Blätter für Smoothies oder grünen Frischpresssaft). In unseren Rezepten geht es um den Nutz- und Speisehanf. Diese Sorten enthalten, wenn überhaupt, nur so minimale Spuren von THC, dass sie keinerlei psychoaktive Wirkungen hervorrufen. Dafür bringt uns die Pflanze ein Sammelsurium an Vitalstoffen, und ihre Samen verfügen über ein hervorragendes Aminosäure- und Fettsäureprofil.

Wird aus Hanfsamen das wertvolle Öl herausgepresst, verbleibt ein Presskuchen mit einem Proteingehalt um die 50%, das zu Hanfproteinpulver weiterverarbeitet wird. Hanfsamen und Hanfproteinpulver erfüllen

fast alle Kriterien eines perfekten Nahrungsproteins für den menschlichen Organismus. Der Geschmack ist angenehm leicht, mild, nussig, manchmal süßlich. Hanf ist eine wunderbare Grundlage für zahlreiche Smoothies und Vitalkost-Kreationen!

Sibirische Zedernnüsse wachsen in extremer Kälte und reifen etwa 3–4 Jahre am Baum. In dieser Zeit sammeln sie einen großen Reichtum an Vitalstoffen, Spurenelementen wie Mangan, Magnesium, Kupfer, Zink und Kobalt, aber auch Vitamine wie E, die B-Gruppe und Phospholipide (Lecithin) an. Ihr Proteingehalt liegt bei ca. 35 g pro 100 g. Man nennt die Zedernkerne auch »Soja des Nordens«. Presst man das Öl heraus, entstehen Zedernflocken, die man auch schroten oder mahlen kann. Eine günstige Variante z. B. für Protein-Smoothies, Frucht-Nuss-Mischungen und Pestos.

Brennnesseln, Blätter und Samen, sind reich an Vitamin A, B1, B2, B6, C und E, Mineralien, Spurenelementen, sekundären Pflanzenstoffen und haben einen Proteingehalt von etwa 16–30 %. Ich verwende sie frisch und getrocknet. Sie gelten als entsäuernd, wärmend, blutreinigend und blutbildend, antientzündlich, fungizid, immunstimulierend, harntreibend, verdauungsfördernd, herzstärkend, stoffwechselanregend und Blutfette- und Blutdruckregulierend. Eine super Zutat für Smoothies!

Grüne Gräser, Grassaft und Grassaftpulver

Frisch gepresste Säfte aus grünen Gräsern, Getreidegräsern, Wildgräsern und Säfte aus getrocknetem Grassaftpulver verfügen über ein breites Spektrum an besonders leicht assimilierbaren Vitalstoffen und Aminosäuren, außerdem über Vitamin A, Beta-Karotin, B1, B2, B6 und B12, Vitamin C, D, E, K, Folsäure, Pantothensäure sowie zahlreiche Mineralien und Spurenelemente. Wen wundert es da noch, dass die grasfressenden Tiere so wunderbar gedeihen. Durch Smoothies, frisch gepresste Grassäfte, hochwertige Pulver aus grünen Blättern und Kräutern sowie Grassaftpulver profitieren auch wir Menschen vom Lebensgrün. Wer Frischpresssäfte aus Gräsern und Kräutern nicht so gut verträgt, der sollte sich für hochwertige Grassaftpulver entscheiden. Am besten rühren Sie das Pulver direkt in gutes, reines Wasser ein, und trinken es schluckweise. Behalten Sie jeden Schluck etwas im Mund. Trinken Sie das täglich über einen längeren Zeitraum; Sie werden staunen, wie Sie sich fühlen und wie viele Symptome und Gesundheitsprobleme einfach so verschwinden.

Moringa oleifera, eine der nährstoffreichsten Pflanzen der Welt, ist in der Lage, sämtliche physischen und psychischen Funktionen zu harmonisieren und zu optimieren. Ihr Eiweißgehalt liegt bei 45%!

Algen und Mikroalgen

Mikroalgen wie Chlorella und Spirulina, Makroalgen wie Kelp, Nori, Dulse, Kombu und Wakame

Spirulina platensis ist eine Blaualge und gehört zu den echten Bakterien (Cyanobakterien). Mikroalgen stehen in der ersten Reihe der »vollkommensten« Nahrungsmittel. Ihr Aussehen ist blaugrün, ihr Körper spiralig gewunden, und Mikroalgen werden weltweit angebaut. Der Proteingehalt der Spirulina liegt bei etwa 60%, und auch sonst ist ihre Konzentration an Nährstoffen beachtlich, z.B. an Mineralstoffen, Spurenelementen, Chlorophyll und Phycocyanin (grünem und blauem Pflanzenfarbstoff) sowie Beta-Karotin, essenziellen Fettsäuren und natürlichen Glykonährstoffen. Der Verzehr von Spirulina stärkt das Immunsystem, schützt das Herz-Kreislauf-System, unterstützt die Regenerationsprozesse, fördert das Wachstum und den Erhalt einer naturgesunden Darmflora, wirkt durch den Reichtum an Antioxidantien freien Radikalen entgegen und fördert insgesamt die Wiederherstellung und den Erhalt der Gesundheit in höchstem Maße – sowohl im physischen als auch im psychischen Bereich.

Die Mikroalge Chlorella vulgaris ist eine Grünalge und gehört zu den Pflanzen. Ihr Aussehen ist grün und meist kugelig. Ihr Proteingehalt liegt bei etwa 60%, ihr Chlorophyllgehalt bei 3–5%. Sie ist die chlorophyllreichs-

te Pflanze, die wir kennen. Sie enthält Carotinoide wie Beta-Karotin, Lutein, Alpha-Linolensäure, Salizylsäure, Kaffeesäure und E-Zimtsäure, außerdem eine Fülle an Vitalstoffen, Mineralstoffen und Spurenelementen, wie z. B. Vitamin C, E, K, B1, B2, B6 und bioverfügbares Vitamin B12, Niacin, Pantothensäure, Nukleinsäure, Folsäure, Biotin, Cholin und Inosit, dazu noch Phosphor, Kalium, Magnesium, Germanium, Schwefel, Eisen, Kalzium, Mangan, Kupfer, Zink, Jod und Kobalt. Chlorella wirkt entgiftend, kann Schwermetalle und Giftstoffe an sich binden, schützt die Leber, erhöht die Regenerationsfähigkeit der Zellen, enthält einen natürlichen Wachstumsfaktor, wirkt vorzeitigen Alterungsprozessen entgegen, stärkt das Herz-Kreislauf-System, harmonisiert die Verdauung und trägt zum Säure-Basen-Gleichgewicht bei. Sie erhöht den Sauerstoffgehalt im Blut und bewirkt ein ausgeglichenes, fröhliches Gemüt. Chlorella ist eine wunderbare Zutat für Protein-Smoothies zum Muskelaufbau, in der Rekonvaleszenz und für Detox-Kuren.

Blattgrün – Blätter, Blattsalate, Wildkräuter

Bataviasalat, Kopfsalat, Romanasalat, Buttersalat, Endivie, Portulak, Postelein, Feldsalat, junger Blattspinat, Asia-Salat und viele Sorten von mehr oder weniger bekannten Pflück- und Schnittsalaten; Blätter von Wildpflanzen wie z. B. Brennnesseln, Franzosenkraut, Spitzwegerich, Breit-

wegerich, Melde, Vogelmiere, Giersch, guter Heinrich, Nachtkerzen, Nutz- und Speisehanf (falls legal erhältlich), Erdbeerpflanzen, Gänseblümchen, Löwenzahn, Brombeersträuchern, Himbeersträuchern und vielen mehr

Was Blätter von geschmacksintensiven Kräutern, Wildkräutern, Küchenkräutern, Sträuchern, Bäumen und Heilpflanzen betrifft, lassen Sie bitte Vorsicht walten. Verwenden Sie wirklich nur kleinste Mengen, da viele Grünpflanzen auch individuelle Mengen an Alkaloiden enthalten. Alles, was sehr intensiv schmeckt, besonders bitter oder scharf, sollte nur ab und zu und in kleinen Mengen eingesetzt werden. Greifen Sie zudem nur zu Pflanzen, die Sie sicher kennen. Besorgen Sie sich am besten ein gutes Buch, mit dem Sie essbare Wildpflanzen bestimmen lernen. Wechseln Sie öfter die Sammelstellen, und verwenden Sie auch immer wieder einmal andere Pflanzen, damit Sie nicht täglich zu viele gleiche Inhaltsstoffe aufnehmen.

Frische Kräuter und Gewürze

Borretsch, Basilikum, Bohnenkraut, Dill, Estragon, Kerbel, Liebstöckel, Minze, Petersilie, Pimpinelle, Salbei, Schnittlauch, Koriander, Rosmarin, Thymian, Ingwer, Galgant, Wurzelpetersilie, Zitronenmelisse

Unter den einzelnen Kräutern gibt es auch viele verschiedene Sorten. Informieren Sie sich darüber, und trauen Sie sich auch an weniger bekannte Sorten, wie z. B. Jiaogulan, Pfefferblatt, Erdbeerspinat usw. Meine Lieblingsquelle für Saatgut und auch für so mache seltenen und außergewöhnlichen Pflanzen ist »Rühlemann´s«.

Kohlgemüse

Blätter von Kohlgemüse wie z. B. Grünkohl, Schwarzkohl und anderen Sorten eignen sich wunderbar für grüne Smoothies und Protein-Smoothies. Wenn Sie jedoch unter Schilddrüsenprobleme leiden, lassen Sie die Kohlblätter besser weg. Wer im Winter gern grüne Kohlblätter in die Smoothies mixt, kann zur Balance auch eine winzige Menge Meeresalgen, wie z. B. Kelp oder Wakame, dazugeben. Blätter von Kohlgewächsen können, je nach Gehalt an Senfölen, besonders beim Mixen etwas Schärfe entwickeln. Oxalsäurehaltiges Blattgemüse wie Spinat, Sauerampfer, Mangold und Rhabarber sollten nicht regelmäßig in größeren Mengen im Smoothie verzehrt werden. Auch hier gilt: Menge und Häufigkeit des Verzehrs entscheiden, ob Pflanzen wie Nahrungsmittel, Heilmittel oder Gift in unserem Körper wirken.

Pilze

Austernpilze, Birkenpilze, Champignons, Morcheln, Maitake, Mu-Err-Pilze, Pfifferlinge, Reishi, Rotkappen, Shitake, Steinpilze, Trüffeln usw.

Denken Sie daran: Getrocknete Pilze haben höhere Proteinwerte je 100 g.

Hülsenfrüchte

Verarbeiten Sie am besten Erbsen, Kichererbsen, Linsen, Süßlupinensamen usw. eingeweicht, also aktiviert, wieder zurückgetrocknet und zu Pulver gemahlen oder eingeweicht und als Keimlinge oder Sprossen.

Wissenswertes zum Nährwert

Da natürliche Nahrungsmittel in ihren Inhaltsstoffen und Nährwerten stets variieren, habe ich entschieden, in meinen Rezepten keine direkten Nährwerte anzugeben. Schauen Sie im Internet oder in der Fachliteratur die Nährwerttabellen an, und vergleichen Sie selbst. Die Werte unterscheiden sich manchmal nur geringfügig, manchmal aber auch wesentlich. Das ist aber ganz natürlich, da es auf alle auf die Pflanze einwirkenden Faktoren ankommt: Boden, Klima, Wachstumszeit, Umwelteinflüsse, Ernte, Verarbeitung, Wassergehalt u.v.a.m. All das hat letztlich Einfluss auf den individuellen Nährwert eines jeden pflanzlichen Lebensmittels!

Allgemeines zu den Rezepten

Wählen Sie stets selbst, welche Pflanzen und Produkte Sie gern für Ihren Smoothie verwenden wollen. Alle hier aufgeführten veganen Protein-Smoothies sind so konzipiert, dass sie über ein möglichst vollständiges Aminosäurespektrum verfügen, reich an Vitaminen, Mineralstoffen, Spurenelementen und sekundären Pflanzenstoffen sind und dazu noch lecker schmecken. Sollten Sie Produkte und Pflanzen in meinen Rezepten entdecken, die Sie nicht kennen, nicht vertragen oder für die Sie noch keine Bezugsquellen haben, ersetzen Sie diese Produkte einfach durch Alternativen, die Sie mögen und vertragen. Am Ende des Buches zeige ich ein paar Bezugsquellen auf, die ich selbst gern nutze. Es gibt unendliche Kombinationsmöglichkeiten bei der Zubereitung. Anfangs können Sie sich gut an den Rezepten orientieren, nach und nach werden Sie dann Ihre eigenen Lieblingskombinationen entwickeln. Achten Sie jedoch darauf, dass Sie nicht zu viel durcheinander mischen.

Für die Kombination mit wasserreichen Gemüsefrüchten und Früchten (Gurke, Tomate, Zitrusfrüchte …) ziehe ich leichte Zutaten, wie z. B. Chia-Samen, Hanfsamen, Brennnesselsamen, Keimlinge und aktivierte Samen, wie auch pulverisierte Greens als Proteinspen-

der vor. Auch Baobab-Fruchtpulver mit seiner natürlichen Zitronensäure und seinen feinen Ballaststoffen passt hervorragend als Antioxidans in fast jeden Smoothie und verleiht diesen eine leichte Bindung und Cremigkeit.

Um lange Energie zu haben und konstant Höchstleistungen zu erbringen, eignen sich Smoothies in Kombination mit Proteinpulvern, aktivierten Nüssen und Samen sowie Superfoods und Nahrungsergänzungen. Kräuter und Gewürze können dem Ganzen noch einen zusätzlichen Kick verleihen.

Superfoods wie Moringa, Maca, Camu Camu, Goji-Beeren, Açaí-Beeren, Aronia-Beeren, Ashwaganda (für Männer), Shatavari (für Frauen), Reishi-Pulver, Mesquite, Lucuma, Rohkakao, Carob, Makao, Algae-Drink (hergestellt aus Chlorella-Algen), oder Gewürze wie z. B. Vanille, Zimt, Kardamom, Kurkuma, Ingwer, Chili, Habanero, Jalapeno, Curry, Gewürz- und Kräutermischungen, Tamari und Hefeflocken, jedoch auch roh-vegane Nahrungsergänzungen wie z. B. Biotin, B-Komplex, Vitamin C, Vitamin D3 und sonstige nach Wunsch und Bedarf können ebenso wie wertvolle Öle (Hanföl, Sacha-Inchi-Öl, Kokosöl) in funktionelle und spezielle Smoothies eingearbeitet werden.

Je nach Zutaten und Mischungsverhältnissen, individuellem und aktuellem Bedarf wirkt jedes Rezept bei jedem Menschen individuell verschieden. Wir müssen unser Leben nicht irgendwelchen »allgemeinen« Ernährungskonzepten anpassen, sondern unsere Ernährung unserem individuellen Lebensstil – und das jeden Moment so, dass wir im Hier und Jetzt und auch bei speziellen Herausforderungen damit gut leben und wirken können.

Mit einem Grün-Shake täglich, z. B. aus Grassäften, sonstige Greens-Pulvern, oder auch mit einem Mikroalgen-Shake und 1–2 proteinreichen Smoothies, ist Ihr Tagesbedarf an hochwertigen Proteinen bei einem hervorragenden Aminosäurespektrum gedeckt. Bei größeren körperlichen oder geistigen Herausforderungen trinken Sie einfach einen Grassaft und/oder einen Protein-Smoothie mehr, je nachdem, was Sie gerade mögen und brauchen!

An manche Zutaten, Produkte und Konsistenzen muss man sich erst gewöhnen, aber glauben Sie mir, es lohnt sich. Unsere Gesundheit ist immer nur so gut wie das, was wir bereit sind, in sie zu investieren. Daher sollten wir unserem Lebensmotor auch nur den besten Treibstoff geben und unsere Gesundheit weise und liebevoll pflegen!

Was man sonst noch für die Zubereitung braucht

Für die Zubereitung proteinreicher Smoothies, Shakes und von Nuss- und Saatenmilch brauchen Sie einen starken Mixer. Für den Anfang dürfte der Mixer ausreichen, den Sie bereits zu Hause haben. Wenn Sie über einen neuen Mixer nachdenken, lohnt es sich unbedingt, sich für ein starkes und unverwüstliches Gerät mit langer Garantie zu entscheiden. Ich habe meinen Hochleistungsmixer schon seit fast 10 Jahren, und er funktioniert immer noch wie am ersten Tag.

In den letzten Jahren haben viele Hersteller – orientiert an der Leistung des unverwüstlichen VitaMix – ebenfalls gute Geräte auf den Markt gebracht. Leider konnte ich noch nicht alle ausprobieren. Machen Sie sich am besten selbst ein Bild von den unterschiedlichen Geräten, und wählen Sie ein Modell, mit dem Sie am besten zurechtkommen.

REZEPTE

Grüne Pflanzensäfte

Die einfachsten veganen Eiweißdrinks sind Grünsäfte, die Sie entweder aus frischgepressten Gräsern, Blättern und Kräutern oder aus Greens-Pulver aus getrockneten Grünpflanzen oder Grünpflanzensaft herstellen können. Das Hochwertigste überhaupt sind Grassaftpulver in Bio- und Rohkostqualität, wie z. B. Grüne Lichtkraft, Saftgras und ähnliche Produkte.

Zubereitung

Geben Sie 1–2 TL Greens-Pulver oder Grassaftpulver auf 250 ml reines Wasser in den Shaker. Schütteln Sie alles gut durch. Wenn Sie einen Mixer verwenden, entsteht etwas feiner Schaum auf dem Getränk. Servieren Sie den Pflanzensaft sofort, und trinken Sie ihn schluckweise. Behalten sie jeden Schluck etwas länger im Mund. Die super proteinreichen und vor allem chlorophyllreichen Drinks und Shakes sind Turbo-Booster für das Immunsystem und Anti-Aging-Drinks. Sie aktivieren die Regenerationsfähigkeit auf allen Ebenen! Trinken Sie mindestens ein Glas täglich, unabhängig von ihrer sonstigen Ernährung und dem weiteren Genuss von Protein-Smoothies.

Protein-Smoothies mit Algen

Ähnlich wie Grassäfte und Grassaftpulver verfügen Mikroalgen wie Chlorella und Spirulina über ein vollkommenes Aminosäurespektrum. Sie sind eine perfekte Nahrungsergänzung. Sie können sie genauso anwenden wie das Grassaftpulver: entweder pur mit Wasser oder als Zugabe für Smoothies.

Sie können auch Meeresalgen wie Kelp, Nori, Dulse, Kombu oder Wakame in sehr kleinen Mengen einsetzen. Sie sind nicht nur eine gute Jodquelle, sondern auch reich an Mineralstoffen und Spurenelementen sind. Sie verfügen auch über mindestens 50% hochwertiges Eiweiß. Nehmen Sie dann maximal 1 TL Pulver z.B. für herzhafte Smoothies mit Gemüse, gern auch in Kombination mit Grünkohl. Sie können auch getrocknete Algen kaufen und sie entweder nach Bedarf zu Pulver vermahlen oder in Wasser einweichen und dann im Smoothie weiterverarbeiten.

Apfel-Avocado-Alge

- 500 ml Wasser oder nach Belieben
- 1–2 entkernte Äpfel
- ½–1 Avocado
- 20 g geschälte Hanfsamen (oder je 10 g Brennnesselsamen und Brennnesselblattpulver)
- je 3 g Spirulina- und Chlorellapulver (oder 5–6 g einer Sorte)

Papaya-Maracuja-Alge

- 500 ml Wasser oder nach Belieben
- 200 g frische Papaya
- 2 Maracujas
- 10 g Baobab-Fruchtpulver
- je 3 g Spirulina- und Chlorellapulver (oder 5–6 g einer Sorte)

Apfel-Sellerie-Alge

- 500 ml Wasser oder nach Belieben
- 50 g Blattspinat
- je 1 entkernter Apfel und Stangensellerie
- ½ Avocado
- 30 ml Zitronensaft oder Limonensaft
- 10 g Pistazien
- 1 TL getrocknete Meeresalgen/-pulver

Banane-Erdbeere-Spinat-Algen

- 500 ml Wasser oder nach Belieben
- 150 g frische Erdbeeren
- 1 Banane
- 50–80 g junger Blattspinat (oder Brennnesselblätter)
- 20 g eingeweichte Cashewkerne
- je 3 g Spirulina- und Chlorellapulver (oder 5–6 g einer Sorte)

Protein-Smoothie »Naxos«

- 500 ml Wasser oder nach Belieben
- 5 Roma-Tomaten
- ½ Avocado
- 50 g eingeweichte Cashewkerne
- 7 Oliven
- 30 ml Zitronensaft
- 20 g geschälte Hanfsamen
- je 1 TL griechische Kräuter und getrocknete Meeresalgen

Grüne Protein-Smoothies
aus Blättern und Früchten

Über grüne Smoothies wurden schon viele Bücher geschrieben und auch in meinem Buch »Vegane Vitalkost« habe ich ausführlich über die Herstellung berichtet. Dies hier soll kein weiteres Buch über grüne Smoothies werden, sondern Ihnen vielseitige Möglichkeiten der Herstellung von proteinreichen Smoothies zeigen, in allen Farben und Geschmacksrichtungen.

Zubereitung

Die grünen Protein-Smoothies sind sehr schnell zubereitet, und Sie können mit ihnen Ihrer Experimentierfreude in der Küche frönen. Nehmen Sie etwa 1/3 Grünpflanzen nach Wunsch (z. B. Salate, grüne Blätter, Kräuter, Wildkräuter). Dazu kommt etwa 1/3 Früchte (z. B. Apfel, Beeren) oder Gemüsefrüchte (z. B. Gurke, Avocado) nach Wunsch. Beschränken Sie sich in diesem Drittel möglichst auf 3 Sorten. Als letzte Zutat geben Sie 1/3 Wasser oder etwas mehr dazu. Die Menge an Wasser hängt ab von der von Ihnen bevorzugten Konsistenz des Smoothies. Geben Sie alle

Zutaten in den Mixer, und mixen Sie alles zu einem glatten Smoothie. Zusätzliche Aromen oder fettreiche Nüsse und ähnliches braucht es hier nicht, da sie die Verdauung der grünen Smoothies nur verzögern bzw. erschweren würden. Leichte, eingeweichte Samen wie Chia-Samen, Brennnesselsamen oder Hanfsamen können nach Wunsch dazugegeben werden. So sind die grünen Protein-Smoothies am besten verdaulich. Wer leicht mit Blähungen reagiert, sollte zu süße Früchte meiden und eher Avocados, nicht zu süße Äpfel, Zitronen, Grapefruits oder Beeren verwenden. Je weniger Komponenten gemischt werden, desto verträglicher sind die Smoothies.

Chia-Spinat-Erdbeere

- 500 ml Wasser oder nach Belieben
- 150 g frische Erdbeeren
- 50 g junger Blattspinat
- 1 Banane
- 2 Grünkohlblätter (geht auch ohne)
- 20 g eingeweichte Chia-Samen
- je 1 TL Grassaftpulver, Chlorellapulver und Moringapulver

Wilder Hulk

- 500 ml Wasser oder nach Belieben
- je 1 Banane und entkernter Apfel
- ½ Avocado
- 50 ml Limonensaft
- je 50 g gemischte Wildkräuter (Giersch, Vogelmiere, Melde, Franzosenkraut/alternativ Feldsalat) und Brennnesselblätter
- je 10 g eingeweichte Brennnesselsamen und Moringapulver oder Greens-Pulver nach Wunsch
- 2 Borretschblätter

Green Tornado

- 500 ml Wasser oder nach Belieben
- je 100 g frische Ananas, Mango und Papaya und grüne Blätter (Blattsalate, junger Spinat …)
- je 10 g eingeweichte Chia-Samen und Greens-Pulver
- je 5 g Spirulinapulver und Matchapulver

Malve trifft wildes Grün

- 500 ml Wasser oder nach Belieben
- 1 frische Papaya
- 100 g Erdbeeren oder Brombeeren
- 50 g sanfte Wildkräuter nach Wunsch
- 20 g eingeweichte Chia-Samen
- 3 Jiaogulanblätter
- 2–3 Malvenblätter
- 2 Malvenblüten

Wild Berries

- 500 ml Wasser oder nach Belieben
- 2 Bananen
- 200 g gemischte Waldbeeren
- je 50 g Brennnesselblätter und dunkelgrüner Blattsalat
- 30 ml Zitronensaft
- 20 g eingeweichte Chia-Samen
- 10 g Brennnesselsamen
- je 3 Brombeerblätter, Erdbeerblätter und Himbeerblätter

Kunterbunte Protein-Smoothies
mit frischen oder gefrorenen Früchten sowie Nüssen und Samen

Nicht nur grüne Smoothies schmecken lecker und liefern viele Aminosäuren. Auch bunte Smoothies sind köstlich, stecken voller Proteine und sind dazu noch ein Leckerbissen fürs Auge.

Zubereitung

Für meine kunterbunten Protein-Smoothies verwende ich grob gesagt vier Zutaten: Neben etwa 500 ml Wasser, mit dem Sie die Konsistenz des Smoothies auch verändern können, gebe ich 150–200 g frische oder gefrorene Früchte in den Mixer. Verwenden Sie nicht mehr als 3 Sorten, die gut zueinander passen.

Gefrorene Früchte lassen Sie vor dem Gebrauch ein wenig auftauen. Außerdem gebe ich immer 50–80 g Nüsse und/oder Samen dazu, also z. B. Hanfsamen, Brennnesselsamen, Cashewkerne, Chia-Samen, sibirische Zedernnüsse, Zedernflocken, Pistazien, Sonnenblumenkerne, Kürbiskerne, Süßlupinensamen, Edelkastanien. Eingeweichte Nüsse jeder Art, was immer Sie mögen! Mit roh-veganem Proteinpulver, z. B. aus Hanfprotein, Reisprotein, Erbsenprotein, Sesamprotein, Kürbiskernprotein, Sonnenblumenkernprotein oder einer Mischung, können Sie den Proteingehalt Ihres Smoothies noch erhöhen.

Pfirsich-Nektarine-Aprikose

- 500 ml Wasser oder nach Belieben
- je 2 Nektarine und Pfirsiche
- 3 frische Aprikosen
- 2 getrocknete Aprikosen
- je 20 g weißes Mandelmus, eingeweichte Cashewkerne, eingeweichte Chia-Samen und eingeweichte geschälte süße Aprikosenkerne

Banane-Ingwer-Zitrone

- 500 ml Wasser oder nach Belieben
- 2 Bananen
- 60 ml Zitronensaft
- 40 g eingeweichte Cashewkerne
- je 20 g geschälte Hanfsamen und eingeweichte Chia-Samen
- 1 Stück Ingwerwurzel (ca. 2 cm groß) oder 1 TL Ingwerpulver

Ananas-Mango-Banane

- 500 ml Wasser oder nach Belieben
- 1 Banane
- 5 eingeweichte Paranüsse (oder Nüssen nach Wunsch)
- 40 g eingeweichte Cashewkerne
- 30 ml Zitronensaft
- je 30 g eingeweichte getrocknete Ananas und eingeweichte getrocknete Mango
- 20 g geschälte Hanfsamen
- etwas Orangenabrieb

Kaki-Orange-Physalis

- 500 ml Wasser oder nach Belieben
- 1 geschälte entkernte Orange
- 100 ml Orangensaft
- 2 reife Kaki
- 5 Physalis
- 40 g eingeweichte Cashewkerne
- je 20 g geschälte Hanfsamen und eingeweichte Chia-Samen
- 10 g Algae-Drink-Pulver (oder Mesquite-Pulver)
- etwas Orangenabrieb

Birne-Apfel-Banane

- 500 ml Wasser oder nach Belieben
- je 1 Birne, Apfel, Banane und geschälte, entkernte Orange
- 100 ml Orangensaft
- 40 g eingeweichte Cashewkerne
- je 20 g Proteinpulver (Hanf, Sonnenblumen, Sesam) und geschälte Hanfsamen
- etwas Orangenabrieb
- 1 Prise Zimt oder Zimtblüte

Himbeere-Banane-Himbeerblätter

- 500 ml Wasser oder nach Belieben
- 1 Banane
- 150 g frische Himbeeren (oder Erdbeeren)
- 30 g eingeweichte Cashewkerne
- je 20 g geschälte Hanfsamen und eingeweichte Chia-Samen
- 5 junge Himbeerblätter (oder Erdbeerblätter)

Feige-Stachelbeere

- 500 ml Wasser oder nach Belieben
- 5 frische Feigen
- 100 g reife Stachelbeeren
- je 20 g Hanfproteinpulver, geschälte Hanfsamen und eingeweichte Chia-Samen
- 10 g Baobab-Fruchtpulver
- je 2 eingeweichte getrocknete Feigen und entkernte Datteln
- Zitronensaft nach Wunsch

Tropic-Protein-Enzym-Smoothie

- 500 ml Wasser oder nach Belieben
- 200 ml Orangensaft
- 150 g frische Papaya
- 1 Banane
- 100 g frische Ananas (oder 40 g eingeweichte getrocknete)
- 30 g eingeweichte Cashewkerne
- je 20 g geschälte Hanfsamen und eingeweichte Chia-Samen
- 10 g Mesquite-Pulver
- 7 Papaya-Samen (frisch aus dem Inneren)
- 1 Prise Vanille

Zitrus-Power

- 500 ml Wasser oder nach Belieben
- je 100 ml Mandarinensaft und Orangensaft
- je 50 ml Zitronensaft, Grapefruitsaft und Granatapfelsaft
- 40 g eingeweichte Chia-Samen
- 4 entkernte Datteln (und/oder 1 Banane)
- 20 g eingeweichte Cashewkerne (oder weißes Mandelmus)
- 10 g Baobab-Fruchtpulver
- etwas Orangenabrieb

Dattel-Walnuss-Hanf-Orange

- 300 ml Wasser oder nach Belieben
- 200 ml Orangensaft
- 1 geschälte, entkernte Orange
- 50 g eingeweichte Datteln
- 30 g eingeweichte Walnüsse
- 20 g geschälte Hanfsamen
- 1 EL Baobab-Fruchtpulver
- 10 g eingeweichte Chia-Samen
- Orangenabrieb nach Wunsch
- 1 Prise Zimt

Kunterbunte Protein-Smoothies
mit Trockenfrüchten, Nüssen, Samen und Fruchtpulvern

Der Nährstoffgehalt in Trockenfrüchten ist im Vergleich zu frischen Früchten wesentlich dichter. Aus diesem Grund braucht man für diese bunten Smoothies eine kleinere Menge an Früchten. Durch das Trocknen der Früchte werden z. B. Ananas weniger »reizend«. Für Menschen, die Probleme mit Fruchtsäure haben, sind diese Protein-Smoothies ideal.

Zubereitung

Für diese Protein-Smoothies nehmen Sie ähnliche Zutaten wie für die kunterbunten Protein-Smoothies mit frischen oder gefrorenen Früchten. Zu etwa 500 ml Wasser kommen 50–80 g Trockenfrüchte, z. B. Mango, Papaya, Ananas, rote Drachenfrucht, Jackfrucht, Himbeeren, Brombeeren, Erdbeeren, Heidelbeeren, Johannisbeeren, Stachelbeeren, Maulbeeren, Goji-Beeren, Pflaumen, Feigen, Datteln, Physalis, Sauerkirschen, Aprikosen, Bananen oder Äpfel. Lassen Sie die Trockenfrüchte 2–3 Stunden einweichen, und verwenden Sie auch das Einweichwasser mit. Von sauren Beeren wie Açaí oder Aronia geben Sie nur etwa 20 g in den Smoothie und dazu noch 30 g Dattelmus. Eine weitere Hauptzutat für diese Smoothies sind Nüsse und Samen, von denen Sie 50–80 g verwenden. Lassen Sie auch die Nüsse oder Samen einweichen, bevor Sie sie in den Smoothie geben. Natürlich können Sie auch fertige Nussmuse wie Mandelmus, Cashewmus oder Hanfsamenmus verwenden. Diese enthalten neben Eiweiß auch hochwertige Nussöle, sind hervorragende Geschmacksträger und bringen gute Kalorien. Mit roh-veganem Proteinpulver können Sie den Proteingehalt Ihres Smoothies noch erhöhen.

Mango-Beeren

- 500 ml Wasser oder nach Belieben
- 50 g eingeweichte getrocknete Mango
- 2 eingeweichte entkernte Datteln
- 30 ml Zitronensaft
- 30 g getrocknete Waldbeeren (bzw. Pulver)
- je 20 g Proteinpulver nach Wunsch und eingeweichte Cashewkerne

Super-Fruit

- 500 ml Wasser oder nach Belieben
- 3 eingeweichte entkernte Datteln
- je 20 g Proteinpulver nach Wunsch, eingeweichte Cashewkerne, eingeweichte Goji-Beeren, getrocknete Himbeeren und getrocknete rote Drachenfrucht
- je 10 g Aronia-Beeren-Pulver, Açaí-Beeren-Pulver und Baobab-Fruchtpulver
- 2 g Maca-Pulver

Indian Summer

- 200 ml Orangensaft
- je 40 g eingeweichte getrocknete Mango und eingeweichte getrocknete Ananas
- 30 ml Zitronensaft
- je 20 g Proteinpulver nach Wunsch und geschälte Hanfsamen
- 5 g Baobab-Fruchtpulver
- 1 kleines Stückchen Kurkumawurzel
- 1 Prise schwarzer Pfeffer
- Wasser nach Wunsch

Herbstfreude

- 1 eingeweichte entkernte Dattel
- je 20 g geschälte Hanfsamen, eingeweichte Sonnenblumenkerne, Edelkastanienpulver und getrocknete Pilze
- 3 eingeweichte getrocknete Tomaten
- 1 Prise Natursalz
- Chili oder sonstige Gewürze/Kräuter nach Wunsch
- Wasser nach Wunsch

Herzhafte Protein-Smoothies mit Gemüse

Wer es herzhaft und pikant liebt, für den habe ich hier ein paar Smoothies zusammengestellt.

Zubereitung

Nehmen Sie wieder etwa 500 ml Wasser und dazu 150–200 g frisches Gemüse. Außerdem gebe ich immer 50–80 g Nüsse, Samen oder Hülsenfrüchte dazu, also z. B. eingeweichte Chia-Samen, Hanfsamen, Sonnenblumenkerne, Walnüsse, Paranüsse, Cashewkerne, Pinienkerne, sibirische Zedernnüsse, Pistazien, Paranüsse, Pekannüsse, gekeimte Lupinensamen, gekeimte rote Linsen, eingeweichte getrocknete Edelkastanien oder rohes Edelkastanienmehl. Würzen Sie diese Smoothies, und geben Sie auch Kräuter oder Wildkräuter nach Ihrem Geschmack hinzu. Auch diese Smoothies können Sie mit roh-veganem Proteinpulver noch etwas aufpeppen. Wer nur eingeweichte Nüsse und Samen, Keimlinge, Grün und frische Zutaten verwendet, braucht kein extra Proteinpulver. Wenn es mal schnell gehen muss und für unterwegs, sind Proteinpulvermischungen besonders bei Sportlern (vom Yoga über Ausdauersport bis hin zum Bodybuilding) sehr beliebt. Da der individuelle Eiweißbedarf ganz unterschiedlich ist, je nach Alter, Größe, Gesundheitszustand, aktueller Herausforderung usw., sollte jeder selbst über die Anteile der Zutaten entscheiden.

Chili-Tomate-Kakao

- 500 ml Wasser oder nach Belieben
- 150 g frische Tomaten
- 40 g eingeweichte Cashewkerne
- 1–2 entkernte Datteln
- 20 g geschälte Hanfsamen
- 8 getrocknete ungesalzene Tomaten
- 1 EL Rohkakaopulver
- 1 TL Schabzigerklee
- 1 Chilischote oder eine andere scharfe Schote (Habanero, Jalapeno …) oder Gewürzpulver

Dill-Gurke-Chia

- 500 ml Wasser oder nach Belieben
- 1 große Salatgurke
- 1 Handvoll Feldsalat
- 1 Zweiglein Dill
- 40 g eingeweichte Chia-Samen
- 20 g geschälte Hanfsamen
- Zitronensaft nach Wunsch

Kürbis-Orange

- 500 ml Wasser oder nach Belieben
- 200 ml Orangensaft
- 80 g Butternut-Kürbis
- 50 g eingeweichte Cashewkerne
- 40 g Möhre
- 20 g geschälte Hanfsamen
- 20 ml Zitronensaft
- 1 TL Kurkumapulver
- etwas Orangenabrieb
- je 1 Prise schwarzer Pfeffer und Chili

Rotkohl-Apfel-Cashew

- 500 ml Wasser oder nach Belieben
- 200 ml Orangensaft
- 1 großer, entkernter Apfel
- 70 g geschnittener Rotkohl
- 40 g eingeweichte Cashewkerne
- 30 g eingeweichte Walnusshälften
- 10 g eingeweichte Haselnüsse ohne Haut
- Gewürze nach Wunsch

Wie-Ei-Smoothie

- 500 ml Wasser oder nach Belieben
- 1 Avocado
- 40 g eingeweichte Cashewkerne
- 20 ml Zitronensaft
- 10 g eingeweichte Chia-Samen
- 1 Prise Kala-Namak-Salz (schwarzes, vulkanisches Steinsalz mit schwefeligem Eiergeschmack)

Spitzkohl-Orange-Curry

- 500 ml Wasser oder nach Belieben
- 200 ml Orangensaft
- 2 geschälte, entkernte Orangen
- 100 g Spitzkohl
- 1 frische Mango
- 50 g eingeweichte Cashewkerne
- 20 g geschälte Hanfsamen
- 1 EL scharfes Currypulver
- 10 g Edelkastanienpulver
- etwas Orangenabrieb

Spinat-Zedern-Smoothie

- 500 ml Wasser oder nach Belieben
- 100 g junger Spinat
- 50 g Brennnesselblätter
- 40 g sibirische Zedernflocken oder Zedernmehl
- 20 g weißes Mandelmus
- 10 g Brennnesselsamen
- je 1 Prise Muskat und Natursalz

Zucchini-Avocado-Apfel-Grünkohl

- 500 ml Wasser oder nach Belieben
- je 1 sehr kleiner Zucchino und entkernter Apfel
- ½ Avocado
- 50 ml Zitronensaft
- 2 Grünkohlblätter
- 30 g Pistazien
- 10 g Kürbiskerne
- 1 Prise schwarzer Pfeffer
- etwas Zitronenabrieb
- Natursalz nach Wunsch

Rote Bete-Apfel-Meerrettich

- 500 ml Wasser oder nach Belieben
- 150 g frische Rote Bete
- 1 großer entkernter Apfel
- 40 g eingeweichte Cashewkerne
- je 20 g geschälte Hanfsamen und weißes Mandelmus
- 1 Stück Meerrettichwurzel (ca. 2 cm groß)

Yellow Happiness

Gelbe Lebensmittel wirken stimmungsaufhellend, schleimlösend, fördern den kreativen Geist und eine klare Sicht. »Yellow Happiness« erfrischt und nährt die Zellen. Dieser Smoothie wirkt sättigend, ist reich an allen essenziellen und auch an nicht-essenziellen Aminosäuren, Mineralstoffen und Spurenelementen, an Vitaminen wie Vitamin B und C, Fettsäuren und sekundären Pflanzenstoffen. Er stärkt das Immunsystem, fördert die Gehirnleistung und die Konzentrationsfähigkeit, hilft, den Blutzuckerspiegel im Gleichgewicht zu halten, unterstützt den Fettabbau und den Muskelaufbau, bringt allgemein viel Energie für den Tag und fördert die Zellgesundheit sowie ein straffes Gewebe.

Zutaten

- 500–750 ml Wasser (je nach gewünschter Konsistenz)
- 2 geschälte, entkernte Orangen (oder den Saft davon)
- je 1 süße rosa Florida-Grapefruit und geschälte Zitrone (oder den Saft davon)
- 50 g eingeweichte, getrocknete Mango (oder 100 g frische Mango)
- je 1 EL geschälte Hanfsamen und Baobab-Fruchtpulver
- je 1 TL Kokosmus, Kokosöl, Mandelmus und Camu-Camu-Pulver
- 1 Stück Kurkumawurzel (ca. 2 cm groß) oder 1 TL Kurkumapulver
- ein wenig Orangenabrieb

Orange Joy

Dieser Smoothie ist reich an Beta-Karotinoiden, Bioflavonoiden, natürlicher Zitronensäure, Vitaminen, Mineralien und Spurenelementen sowie an essenziellen und nicht-essenziellen Aminosäuren. »Orange Joy« ist gut für Haut, Haare, Nägel, Muskeln und für die Augen. Er sorgt für einen klaren Blick und für Energie und Lebensfreude.

Zutaten

- 750–500 ml Wasser (je nach gewünschter Konsistenz)
- 150 ml Orangensaft
- 100 g frische Papaya (oder 50 g eingeweichte, getrocknete Papaya)
- 100 g frische Mango (oder 50 g eingeweichte, getrocknete Mango)
- 30–50 ml Zitronensaft
- 1 junge Möhre
- 2 EL geschälte Hanfsamen
- je 1 EL Hanföl und Baobab-Fruchtpulver
- ein wenig Orangen- und Zitronenabrieb

Red & Hot

Dieser geschmacksintensive Protein-Smoothie kann auch als Suppe getrunken werden, mit warmem oder kaltem Wasser. Er ist reich Lycopin, Aminosäuren, besonders Tryptophan, Vitaminen, Mineralstoffen, Spurenelementen, und er bringt Feuer in unseren Körper. »Red & Hot« wärmt und fördert die Durchblutung. Ein guter Protein-Smoothie bei Trägheit oder an kalten Tagen.

Zutaten

- 750–500 ml Wasser (je nach gewünschter Konsistenz)
- je 2 reife Strauchtomaten und Roma-Tomaten
- je 30 g eingeweichte Cashewkerne und geschälte Hanfsamen
- 10 g eingeweichte Sonnenblumenkerne
- 4 eingeweichte ungesalzene getrocknete Tomaten
- 1 TL Rohkakaopulver
- 1–2 eingeweichte entkernte Datteln
- 1 winziges Stückchen Chili oder rote Habanero
- 1 Prise Meersalz

Immun-Booster

Dieser Smoothie steckt voller Anthocyanen, sekundärer Pflanzenstoffe und hochwertiger Proteine und ist reich an Ballaststoffen, Vitaminen, Mineralien und Spurenelementen. Ein guter Drink für den frühen Abend, der die Regenerationsprozesse im Körper während des Schlafs ankurbelt und das Immunsystem stärkt.

Zutaten

- 750–500 ml Wasser (je nach gewünschter Konsistenz)
- 150 g frische oder gefrorene Brombeeren
- 1 kleine Banane (oder 2 eingeweichte entkernte Datteln)
- 50 ml Zitronensaft
- je 20 g geschälte Hanfsamen oder Hanfproteinpulver und eingeweichte Cashewkerne
- je 10 g Zedernflocken, eingeweichte Chia-Samen, Goji-Beeren und Baobab-Fruchtpulver
- je 2 Brombeerblätter und Hanfblätter (falls legal vorhanden)

Frisch im Kopf

Der sättigende, cremige Protein-Smoothie ist reich an essenziellen und nicht-essenziellen Aminosäuren, sekundären Pflanzenstoffen, Vitaminen, Mineralstoffen und Spurenelementen. Er nährt auf Zellebene, verleiht Kraft und fördert die Konzentration.

Zutaten

- 750–500 ml Wasser (je nach gewünschter Konsistenz)
- 1 großer, entkernter, saftiger Apfel
- 1 Banane (nicht zu süß)
- ½ Avocado
- 20 g geschälte Hanfsamen
- 10 g Pistazien
- je 5 g Spirulinapulver, Moringapulver und Baobab-Fruchtpulver

Fruity Green

Ein frischer, fruchtiger und sättigender Protein-Smoothie, der reich an Beta-Karotinoiden, Enzymen, Aminosäuren, Vitaminen, Mineralstoffen und Spurenelementen ist.

Zutaten

- 500 ml Wasser oder nach Belieben
- 150 ml Orangensaft
- je 1 Banane und frische Mango
- je 20 g geschälte Hanfsamen oder Proteinpulver, eingeweichte Chia-Samen und Cashewkerne
- 10 g Baobab-Fruchtpulver
- 5 g Moringapulver (oder Greens-Pulver)
- 7–10 Jiaogulanblätter oder 5 g getrocknete Blätter

Jungbrunnen-Smoothie

Sie können viele Sorten Fruchtpulver auch selbst herstellen, indem Sie z. B. Beeren trocknen und zu Pulver vermahlen. Es gibt aber auch viele gute Fertigprodukte im Bio-Fachhandel, in Reformhäusern und im Rohkost-Fachhandel. Der »Jungbrunnen-Smoothie« ist reich an Aminosäuren, Mineralstoffen, Spurenelementen, B-Vitaminen, Vitamin C, E, Bioflavonoiden, Anthocyanen. Er macht fit für den Tag und fördert die Zellgesundheit und die Regeneration. Für einen besonderen Immun-Kick können Sie noch einen Pressling (5000 i.E.) Vitamin D3 mit in den Mixer geben.

Zutaten

- 500–750 ml Wasser
- 150 g frische oder gefrorene Waldbeeren
- 3 eingeweichte entkernte Datteln (oder 1 Banane)
- 30 g sibirische Zedernnüsse oder Zedernflocken
- 20 g geschälte Hanfsamen
- 10 g eingeweichte Chia-Samen
- je 1 TL Matchapulver, Grünpulver (Grassaft oder Moringa)
- je 1 EL Aronia-Beeren-Pulver und Baobab-Fruchtpulver

Grüner Detox-Smoothie

Wer es süßer mag, gibt noch eine Banane dazu oder 2–3 Datteln. Sie können frisches Blattgrün verwenden, getrocknete und pulverisierte Blätter oder Grassaftpulver.

Zutaten

- je 1 Avocado und Apfel
- je 1 Handvoll Feldsalat (oder junger Spinat) und Brennnesselblätter
- ½ Limone
- 1 EL Brennnesselsamen
- 2 Spitzwegerichblätter
- je 1 TL Gerstengraspulver, Weizengraspulver und Chlorellapulver

Grünes Kraftpaket für kalte Tage

Dieser kräftigende Smoothie ist genau das Richtige für die kalte Jahreszeit, und auch optimal fürs Training im Freien oder für große Herausforderungen. Er ist sehr sättigend und liefert ein ausgeglichenes Aminosäurespektrum.

Zutaten

- 200 ml Orangensaft
- je 1 Avocado, Apfel und Banane (falls gewünscht)
- 30 ml Zitronensaft
- je 30 g eingeweichte Sonnenblumenkerne, eingeweichte Cashewkerne und Brokkoliröschen
- 2 Grünkohlblätter ohne zähe Stängel
- 20 g geschälte Hanfsamen
- 1 Handvoll Brennnesselblätter oder 10 g Brennnesselpulver
- ½ TL pulverisierte Meeresalgen, z. B. Kelp
- 2–3 Borretschblätter
- Wasser nach Belieben

Superfoods-Smoothie

Verwenden Sie das Einweichwasser der Trockenfrüchte ruhig mit. Alle Säfte werden frisch gepresst und die Zutaten dann zu einem cremigen Smoothie gemixt. Ein echtes Kraftpaket reich an Aminosäuren, Fettsäuren und Vitalstoffen. Er stärkt das Immunsystem und fördert die Motivation, die Ausdauer und das Durchhaltevermögen.

Zutaten

- 500 ml Wasser oder nach Belieben
- 200 ml Orangensaft
- 50 ml Granatapfelsaft
- 5 eingeweichte entkernte Datteln
- je 20 g geschälte Hanfsamen oder Hanfproteinpulver, eingeweichte Nüsse nach Wunsch oder Cashewkerne und eingeweichte Goji-Beeren
- je 1 EL Baobab-Fruchtpulver und rohes Kakaopulver (oder Macao)
- je 1 TL Maca-Pulver und Mesquite-Pulver
- 1 Prise Vanille

Nuss-Power-Smoothie

Dieser kohlenhydratreiche Smoothie lässt sich auch mit fertigem roh-veganen Nussmus z. B. Mandelmus zubereiten. Statt Sauerkirschen und Goji-Beeren können Sie auch getrocknete Mango und Ananas verwenden oder ihn mit anderen Trockenfrüchten, Nüssen und Samen variieren. Sehr lecker und hält lange die Energie!

Zutaten

- 500 ml Wasser oder nach Belieben
- 60 g eingeweichte gemischte Nüsse (Cashew, Walnuss, Haselnuss, Paranuss, geschälte Hanfsamen)
- 3 eingeweichte entkernte Datteln
- je 20 g eingeweichte getrocknete Sauerkirschen, Rosinen und Goji-Beeren
- 1 EL Baobab-Fruchtpulver
- 1 TL Carobpulver

Tropic-Feeling-Smoothie

Vollgepackt mit Enzymen, Vitaminen, Mineralien, Spurenelementen, hochwertigen Fettsäuren und Aminosäuren schenkt dieser Smoothie im Handumdrehen Tropen-Feeling, Energie und gute Laune!

Zutaten

- 250 ml Kokoswasser
- 100 g eingeweichte getrocknete Mango plus deren Einweichwasser
- je 20 g eingeweichte Chia-Samen sowie eingeweichte Goji-Beeren, Physalis und Ananas
- je 10 g Kokosmus oder eingeweichte Kokoschips, Baobab-Fruchtpulver und Açaí-Beeren-Pulver
- Wasser nach Belieben

Golden Flow

Ein leichter, cremiger und frischer Smoothie, sehr fruchtig von orange-goldener Farbe, extrem reich an Vitamin C und Karotinoiden, Antioxidantien und Aminosäuren. »Golden Flow« ist optimal für den Ausdauersport an einem sonnigen Morgen! Wer noch Nahrungsergänzungen im Smoothie unterbringen möchte: Hier würde sich der komplette Vitamin-B-Komplex wohlfühlen und auch Vitamin D3.

Zutaten

- je 1 frische Mango und Kaki
- 200 ml Orangensaft
- 50 ml Limonensaft
- 2 Maracujas
- je 20 g geschälte Hanfsamen und eingeweichte Chia-Samen
- je 10 g Edelkastanienpulver (oder Süßlupinenpulver) und Baobab-Fruchtpulver
- Wasser nach Belieben

Himbeer-Schoki-Smoothie

Mächtig energiereich und schokoladig mit einer fruchtigen Himbeernote! Ein leckerer Energiespender für langes Durchhaltevermögen!

Zutaten

- 2 Bananen
- 100 g frische oder gefrorene Himbeeren
- je 20 g geschälte Hanfsamen, Süßlupinenpulver und weißes Mandelmus
- je 1 EL rohes Kakaopulver und Carobpulver
- 1 TL Maca-Pulver
- 500 ml Wasser oder nach Belieben

Think Pink

Verwenden Sie ruhig das Einweichwasser der Trockenfrüchte mit. Ein sehr fruchtiger und farbintensiver, protein- und vitalstoffreicher Smoothie voller Antioxidantien. Er stärkt das Immunsystem, energetisiert auf Zellebene und aktiviert den körpereigenen Jungbrunnen und fördert die Kreativität.

Zutaten

- je 100 g Himbeeren und Erdbeeren
- 100 ml Granatapfelsaft
- 30 ml Zitronensaft
- je 30 g eingeweichte Ananas und Mango
- je 20 g Mandelmus und eingeweichte getrocknete rote Drachenfrucht
- je 10 g Kokosmus, eingeweichte Chia-Samen, geschälte Hanfsamen und Goji-Beeren
- 1 eingeweichte entkernte Dattel
- Wasser nach Belieben

Wichtig für vegane Sportler und Bodybuilder

Gerade Sportler, Extrem-Sportler, Bodybuilder und alle, die immer wieder extreme Herausforderungen zu bewältigen haben, müssen ganz besonders auf ihre Ernährung und Lebensweise achten. So ist auch die Nährstoffdichte von großer Bedeutung. Wer kein tierisches Eiweiß zu sich nimmt, sondern sich vegan ernährt, braucht sich um die mit dem Verzehr von tierischem Protein einhergehenden Nierenprobleme und um Purin als Ausscheidungsprodukt, das sich in Gelenken ablagert und zu Gicht führen kann, keine Sorgen zu machen. Veganer haben zudem bessere

Cholesterin- und Blutdruckwerte, sodass das Risiko für Herz-Kreislauf-Erkrankungen und Diabetes deutlich sinkt. Da vegane Lebensmittel im naturnahen Bereich, also in Bio- und Rohkostqualität und schonend verarbeitet, viel leichter zu verstoffwechseln und für den Körper auch einfacher aufzunehmen sind, ist die Nährstoffversorgung bei Veganern ausreichend bis sogar besser gesichert. Veganer sind belastbarer, was sich auch deutlich auf ihre Regenerationsfähigkeit und die Intensität des Trainings auswirkt. Natürlich sind für einen erfolgreichen Muskelaufbau eine vitalstoffreiche und cleane Ernährung (ohne Giftstoffe und so natürlich wie möglich), Disziplin und Balance in allen Bereichen von Bedeutung. Hier bietet die vegane Vitalkost optimale Voraussetzungen.

Durch die Zusammenstellung bestimmter Mikro- und Makronährstoffe kann man auch bestimmte Ziele im Sport erreichen. Zum gezielten Muskelaufbau sind 6–8 kleine Mahlzeiten täglich sinnvoll (auch Smoothies und Green-Drinks zählen dazu) mit pflanzlichen Proteinen (etwa 1–1,5 g pro Kilogramm Körpergewicht auf den Tag verteilt). Dazu braucht der Körper noch gesunde Fette, wie z. B. Hanföl, Leinöl, Kokosöl, Sacha-Inchi-Öl, Rapsöl oder Walnussöl, und natürliche Fettsäuren enthaltende Pflanzen, Nüsse und Samen. Und last but not least komplexe Kohlenhydrate mit einem niedrigen glykämischen Index (etwa 1–1,5 g pro Kilogramm Körpergewicht). Nach dem Training braucht es dann wieder genügend Kalorien und Proteine für den Muskelaufbau. Mit den leckeren veganen Protein-Smoothies ist für alles, auch für reichlich Vitamine, Mineralien, Spurenelemente, Antioxidantien und gesunde Ordnungsinformationen für die Zellen gesorgt!

Zum Ausdauertraining und zur Steigerung des Durchhaltevermögens ist es wichtig, den Protein- und Fettanteil zu erhöhen, um z. B. die Fettverbrennung anzuregen und Muskelschäden vorzubeugen. Protein-Smoothies, die auch Nüsse, Samen und/oder hochwertige Öle und Fettsäuren enthalten, spielen hier eine bedeutende Rolle. Wer mehr Proteine und Kohlenhydrate aus stärkehaltigem Gemüse zu sich nimmt, unterstützt damit beim Kraftsport erheblich den Muskelaufbau. Protein-Smoothies, die viel süßes Obst beinhalten, sind eher für kurze, intensive Leistungen z. B. für einen Sprint gedacht. Hier benötigt man leicht verdauliche und vor allem schnelle Energie, aber mischen Sie auch hier nicht zu viel durcheinander!

Smoothies für Sportler, Yogis, Athleten, Bodybuilder

Sie können alle Smoothies in diesem Buch zu sich nehmen, probieren Sie die Rezepte einmal aus, und stellen Sie sich Ihre optimalen Kombinationen zusammen. Ernähren Sie sich abwechslungsreich, auch was die Smoothies betrifft. Ein paar Beispiele, wie Sie sich Smoothies kreativ und funktionell zusammenstellen, möchte ich Ihnen trotzdem noch geben.

Hulk

Um den Geschmack zu verändern, können Sie frische oder getrocknete Beeren dazugeben, oder Sie bereiten eine würzige Version mit etwas Natursalz und Cayennepfeffer zu. Statt getrockneter Zutaten können Sie auch frische verwendet!

Zutaten

- 500 ml Wasser oder nach Belieben
- 200 ml frisch gepresster Gemüsesaft
- 1 entkernter Apfel
- je 20 g Proteinpulvermischung (Erbsenprotein, Hanfprotein, Reisprotein) und geschälte Hanfsamen
- je 10 g eingeweichte Cashewkerne und Baobab-Fruchtpulver
- je 3 g getrocknete Borretschblätter, getrocknete Petersilienblätter, Grassaftpulver und Moringapulver
- je 2 g Chlorellapulver und Spirulinapulver

Iron Man

- 500 ml Wasser oder nach Belieben
- 200 ml frisch gepresster Granatapfelsaft
- 100 g frische Beeren (Himbeeren, Erdbeeren, Waldbeeren …)
- 1 Banane oder 2 entkernte Datteln
- je 20 g Proteinpulvermischung, geschälte Hanfsamen und sibirische Zedernnüsse
- 10 g Goji-Beeren
- je 5 g Brennnesselsamen, Brennnesselpulver und Baobab-Fruchtpulver
- 2 g Maca-Pulver und Moringapulver

Kokos-Kick

- 500 ml Kokoswasser und 20 g Kokosmus (oder 2 frische Trinkkokosnüsse mit Fruchtfleisch)
- je 10 g Kokosöl, eingeweichte Chia-Samen und Baobab-Fruchtpulver
- je 2 g Camu-Camu-Pulver und Maca-Pulver

Mountain-Man

- 100 g frische oder gefrorene Waldbeeren
- 1 entkernter Apfel
- 1 Handvoll grüne Blätter von Wildkräutern (Giersch, Brennnessel, Brombeerblätter) oder 1 EL Pulver von grünen Blättern, Kräutern, Wildkräutern oder Moringa
- je 20 g geschälte Hanfsamen und sibirische Zedernnüsse
- je 10 g Proteinpulvermischung und Pistazien
- Wasser nach Belieben

Speedy

- 500 ml Wasser oder nach Belieben
- 100 ml Granatapfelsaft
- 1 Banane
- je 20 g Proteinpulvermischung, geschälte Hanfsamen, eingeweichte getrocknete rote Drachenfrucht und getrocknete Beeren
- 2 eingeweichte entkernte Datteln
- je 10 g Baobab-Fruchtpulver und rohes Kakaopulver
- 2 g Maca-Pulver
- Guaraná nach Belieben

Ausdauer

- 500 ml Wasser oder nach Belieben
- 200 ml frisch gepresster Frucht- oder Gemüsesaft
- 1 großer, nicht zu süßer Apfel
- 1–2 eingeweichte entkernte Datteln
- je 20 g eingeweichte Chia-Samen und geschälte Hanfsamen
- 1 EL Sacha-Inchi-Öl
- 10 g Baobab-Fruchtpulver
- je 2 g Spirulinapulver, Chlorellapulver, Grassaftpulver, Moringapulver und Maca-Pulver

Regenerator

- je 1 geschälte, entkernte Zitrone, geschälte, entkernte Orange und frische Mango (oder 50 g eingeweichte getrocknete Mango)
- je 20 g weißes Mandelmus, geschälte Hanfsamen und eingeweichte Cashewkerne
- je 10 g eingeweichte Chia-Samen, Baobab-Fruchtpulver und Goji-Beeren
- 1 Stück Kurkumawurzel (ca. 1 cm lang) oder 1 TL Kurkumapulver
- 3 g Camu-Camu-Pulver
- je 1 Gabe Vitamin-B-Komplex und Vitamin D3
- 1 Prise schwarzer Pfeffer

Vegane Milch aus Nüssen und Saaten

Nussmilchgetränke sind reich an Aminosäuren, natürlichen Fetten, Mineralstoffen, Vitaminen und Spurenelementen, und sie dienen unter anderem als leichte Grundlage für viele Shake- und Smoothie-Kreationen. Sie können die unterschiedlichen Sorten pur genießen oder einfach in verschiedenen Geschmacksrichtungen zubereiten, wie z. B. durch Zugabe von Rohkakaopulver, Carobpulver, Vanille, Zimt, Macapulver, Baobab-Fruchtpulver, Camu Camu oder sonstigen Super Foods. Mit frischen oder gefrorenen Früchten mixen Sie sich einen Frucht-Milch-Shake oder einen Eis-Shake. Es gibt fast unendliche Möglichkeiten! Solche herrlich frischen und nahrhaften Pflanzenmilchgetränke können Sie auch gut zur Uni, auf die Arbeit oder zum Sport mitnehmen. Das bringt Energie und verbessert Konzentration und Ausdauer!

Die Herstellung von roh-veganer Milch aus Nüssen und Samen dauert keine 5 Minuten und ist kinderleicht. Sie benötigen nur einen starken Mixer, einen Nussmilchbeutel oder ein entsprechendes Tuch und ein Sieb. Aus dem Trester können Sie Käse, Kuchen oder Kekse herstellen, je nach Lust und Laune. Viele Rezepte dazu finden Sie unter anderem in meinem Buch »Vegane Vitalkost«.

Grundrezept

Je nachdem, welche Konsistenz Sie erhalten wollen, setzen Sie mehr oder weniger Nüsse, Samen oder Kerne ein. Im Schnitt reichen 50 g Nüsse, Samen oder Kerne auf 500 ml Wasser für eine gehaltvolle und proteinreiche Pflanzenmilch. Wenn Sie aktivierte Nüsse, also über Nacht eingeweicht, verwenden, werden die Pflanzenmilch und deren Proteine noch leichter assimilierbar. Geben Sie die bereits geschälten Nüsse oder Samen in einen starken Mixer sowie die gewünschte Menge Wasser dazu. Mixen Sie alles zusammen zu einer feinen Milch. Geben Sie das Ganze in einen Nussmilchbeutel, den Sie über ein Gefäß halten, und »melken« Sie den Beutel so lange, bis keine Flüssigkeit mehr heraustritt. Der Trester, der sich noch im Beutel befindet, kann kühlgestellt und weiterverwendet werden. Die Nuss- oder Samenmilch können Sie sofort verwenden. Wer das Ganze etwas süßer mag, mixt 1–2 getrocknete entkernte Datteln dazu, die ebenfalls reich an Mineralstoffen und Aminosäuren sind. Sie können die Datteln auch gern vorher einweichen oder zu Mus verarbeiten.

Gibt es eine Alternative zum Mixer? Durchaus. Auch mit einem Pürierstab in Kombination mit einem Veggiefino kann man wunderbar Nuss- und Saatenmilch zubereiten. Zur Anwendung gibt es auch tolle Videos im Internet.

Britta Diana Petri ist Gründerin und Leiterin der »RainbowWay® Akademie«. Im Zentrum ihrer Tätigkeit stehen Methoden, mit denen Menschen Voraussetzungen für Gesundheit schaffen und damit ihre Lebenskraft entwickeln, stärken und erhalten können. Jedes Jahr schließen neue Absolventen die Ausbildungen zum »Holistischen Gesundheits-, Vitalkost- und Lebensberater«, zum »Vegan-Vitalkost-Zubereiter« oder zum »Vegan-Vitalkost-Kreativ-Chef« an der Akademie der Autorin ab.

Weitere Informationen zu den Büchern, Seminaren und Angeboten der Autorin finden Sie unter www.RainbowWay.de

Bezugsquellen

Gute Bezugsquellen, die ich selbst für die Rezepte dieses Buches genutzt habe.

Pureraw Rohkostprodukte (z. B. Algae-Drink, Erbsenproteinpulver, Superfoods wie z. B. Goji-Beeren, Geräte ...)

Puravita Naturwaren (z. B. Brennnesselsamen und -pulver, Greens, Nüsse, Samen, Trockenfrüchte wie z. B. rote Drachenfrucht, Geräte ...)

Dr. Goerg Virgin Coconut Products (Kokosprodukte, Matcha u.v.a.m.)

Keimling Naturkost (Nüsse, Nussmuse, Greens, Trockenfrüchte wie Sauerkirschen, Geräte usw.)

Vega (Taiga Naturprodukte) (Taiga Naturprodukte, sibirische Zederkerne, veganes D3/5000.i.E.)

Healthxl.eu (Sunwarrior Produkte)

Naturefood, YoungpHorever (Greens, Chlorophyll-Produkte u.s.w.)

Sowie Bioläden, Reformhäuser, Bio-Versandhändler im Internet, regionale Bio-Obst- und Gemüsehändler und inzwischen auch gut sortierte Supermärkte mit einer hochwertigen, veganen Bio-Abteilung.

Quellennachweise

Campbell, T. Colin; und Campbell, Thomas M: »China Study: Die wissenschaftliche Begründung für eine vegane Ernährungsweise«, Systemische Medizin, Bad Kötzting 2011.

»Linder Biologie SII«, Schroedel, Braunschweig 2011.

Mindell, Earl: »Die Vitamin-Bibel«, Heyne, München 1985.

Petri, Britta Diana: »Vegane Vitalkost. Jungbrunnen und Lebenselixier«, Schirner Verlag, Darmstadt 2014

Fachinformationen zu einzelnen Nahrungsmitteln

von Dr. Markus Schmid, Puravita; von Kirstin Knufmann, Pureraw; von Jörg Ullmann, Algenfarmer, Biologe

Bildnachweis

Bilder von der Bilddatenbank Shutterstock:
Layoutelemente: #202327678 (©sumkinn), #245419678 (©chromatos), Kapitelbeginne: #273308867 (©vata), Teil 1: #229065073 (©matin), #331202135 (©MasterQ), #73000162 (©schankz), Rezeptteil: #273308867 (©vata), Teil 2: #182683421 (©verca), #256333441 (©MaraZe), #217588285 (©Pensiri), Teil 3: #218117728 (©Iuliia Timofeeva), #256333441 (©MaraZe),#217588285 (©Pensiri), Bodybuilder: #218117728 (©Iuliia Timofeeva), #217588285 (©Pensiri), Rezepte Bodybuilder: #94317145 (©Greg and Jan Ritchie), #195772067 (©murphy81)
S. 8: #17497507 (©Janaka Dharmasena), S. 9: #259579715 (©baibaz), S. 11: #96211094 (©Sunny studio), S. 13: #78205039 (©dotshock), S. 14: #287989556 (©Mizina Oksana), S. 17: #177955562 (©isak55), S. 18: #162602882 (©Madlen), S. 20: #251639014 (©watchara), S. 24: #327572642 (©nechaevkon), S. 26: #240912190 (©Binh Thanh Bui), S. 27: #102374491 (©tescha555), S. 31 links: #287756984 (©Jiri Hera), rechts: #136080311 (©aarrows), S. 35: #164410661 (©Pikoso.kz), S. 37: #83732998 (©Maridav), S. 42: #246062716 (©NIPAPORN PANYACHAROEN), S. 43: #273786809 (©Diana Taliun), S. 44: #322428380 (©Eskymaks), S. 45: #38159893 (©Kokhanchikov), S. 46: #244545628 (©Diana Taliun), S. 47: #242981368 (©baibaz), S. 49: #342431393 (©Diana Taliun), S. 50: #179910806 (©LiliGraphie), S. 54 oben: #261982976 (©MaraZe), unten: #214866016 (©Diana Taliun), S. 57 oben links: #108013121 (©Eillen), rechts: #190267682 (©Madlen), S. 58 links: #351107663 (©Boumen Japet), rechts: #350435267 (©wasanajai), S. 60: #148736552 (©Eskymaks), S. 61 oben: #304513937 (©Lukas Gojda), unten: #296309972 (©Dionisvera), S. 62 oben: #189322574 (©Vorobyeva), unten: #252361309 (©Africa Studio), S. 63: #88468756 (©Pefkos), S. 64: #211860976 (©Teri Virbickis), S. 65 oben: #114082759 (©Peter Zijlstra), unten: #239324071 (©neung_pongsak), S. 66: #267025829 (©Lopatin Anton), S. 67: #210377080 (©Jne Valokuvaus), S. 68 links: #132095315 (©Kjetil Kolbjornsrud), rechts: #103628930 (©Dionisvera), S. 70: #339976424 (©Dario Vuksanovic), S. 71 links: #316459436 (©gresei), rechts: #112551800 (©oriori), S. 72: #128142053 (©Iakov Kalinin), S. 73: #111946643 (©Nattika), S. 74: #66606748 (©Pinkcandy), S. 76: #298500359 (©kaiskynet), S. 77 oben: #133195592 (©Karen Grigoryan), Hintergrund: #153244625 (©serg_dibrova), S. 80: #127715948 (©gresei), S. 81: #139524803 (©M. Unal Ozmen), S. 82 links: #238198531 (©Golden House), rechts: #134800505 (©NADKI), S. 83: #82478515 (©Africa Studio), S. 84: #103228349 (©bajinda), S. 85: #88333483 (©Valentyn Volkov), S. 86: #246532924 (©Tim UR), S. 87 oben: #255208873 (©Vitalina Rybakova), unten: #243403888 (©Maks Narodenko), S. 88: #120470518 (©Dionisvera), S. 89 oben: #303115460 (©Tiger Images), unten: #257933651 (©Nataliia K), S. 90 oben: #87295441 (©jurgajurga), unten: #246774991 (©Weblogiq), S. 92: #353178113 (©Manfred Ruckszio), S. 93 oben: #51071977 (©Snowboy), unten: #300670976 (©Aleksandr Kurganov), S. 95: #161567657 (©Dionisvera), S. 97 oben: #121824883 (©vanillaechoes), unten: #229496215 (©Volosina), S. 98: #256879366 (©EM Arts), S. 99: #148863572 (©TrotzOlga), S. 100: #232805980 (©Nejron Photo), S. 105 oben: #336335519 (©motorolka), unten: #102704555 (©Evgeny Karandaev), S. 106 oben: #148549508 (©Valentina Razumova), unten: #179801375 (©baibaz), S. 107: #263458703 (©Teri Virbickis)
www.shutterstock.com

Alle weiteren Fotografien:
Merlin Petri und Britta Diana Petri

Bild von Jörg Ullmann: Kirstin Knufmann